꾼빠이 386

은밀하고 발칙한 남한 좌익 운동의 절정

꼰빠이 386

은밀하고 발칙한 남한 좌익 운동의 절정

남정욱 지음

북앤피플

꼰빠이 386

초판 1쇄 발행 2014년 2월 10일
초판 2쇄 발행 2014년 5월 15일

지은이 | 남정욱

펴낸곳 | 북앤피플
대　표 | 김진술
펴낸이 | 맹한승
디자인 | 박원섭

등　록 | 313-2012-117호
주　소 | 서울시 마포구 신촌로 196-1 이화빌딩 502호
전　화 | 02-2277-0220
팩　스 | 02-2277-0280
이메일 | jujucc@naver.com

ISBN 978-89-97871-10-0 03330

잘못된 책은 구입하신 서점에서 바꾸어 드립니다.
값은 표지 뒤에 있습니다.

들어가는 글

'내란음모의 블랙박스를 열다'라는 책이 있다. 이석기 내란음모 사건을 바라보면서 분이 터진 8명의 지식인이 급하게 모여 쓴 책이란다. 지식인인건 잘 모르겠고 급하게 모여 쓴 것만은 확실해 보인다. 논리는 부실하고 현실인식은 일반인의 시각과는 동떨어져 대체 무슨 이야기를 하는 지 알 수가 없다. 책은 대한민국을 신종 정신질환인 '종북장애'로 진단하면서 '곧 무슨 일이 생길 것 같은 극도의 공포감으로 자제력을 잃는 정신 질환의 일종'이라고 증후를 설명하는 것으로 시작한다. 대다수 국민들이 느끼는 감정은 공포가 아니라 짜증과 환멸이라는 사실은 이 여덟 분들 빼고는 다 안다. 이들은 RO 모임을 전쟁 대비라는 주제와 관련이 있는 것 같다며 '전쟁을 막아야 평화가 유지되고 전쟁이 나더라도 지혜롭게 대처해야 그나마 목숨을 부지할 수 있는 법'이라고 설명한다. 아, 정말이지 아무리 노력해도 판독이 안 되는 문장이다. 우리가 살고 있는 세상과 별개의 삶을 사시는 것 같다. 통진당에 대해서는 '가장 많은 진실을 소유하고 있는 집단'이라고 하면서 '대통령에게 가장 날카로운 질문을 많이 던진 정치인이 대표로 있는 정당'이라고 치켜세운다. 신문 안 보고 사시는 것 같다. 통진당의 부정 선거는 법원이 공식적으로 확인해줬다. 부정이 있었지만 특유의 문화라는 단서를 달기는 했지만. 밤 열시부터 새벽 두시까지 이어진 회합을 '자유로운 분위기였다'고 내란음모가 아니라고 두둔한다. 자유로운 분위기에서 그 시간에 회합을 가지다니 참 독특한 라이프스타일이다. 정상적인 사람은 그 시간에 잠을 잔다. 주장은 그게 전부고 책의 나머지는 통진당과 이석기에 불리한 발언을 한 매체와 인사들에게 대한 저주와 악담으로 채워진다. 민주당의 조경태, 정의당의 심상정, 천호선은 물론이고 심지어 한겨레와 오마이뉴스도 물어뜯는다. 소생이 보기에 이 분들, 386세대의 가장 나쁜 전형을 보여주고 있다. 독선과 시대착오와 상황판단 '오바'다. 미물도 시간이 흐르면 조금은 진화하는데 대체 왜들 이러시는 걸까.

한국 현대사에서 386만큼 흥미로운 세대는 없다. 운동사의 측면에서 보면 386은 유구한 남한 좌익 운동사의 연장선상에 있으면서 또 한편으로 그 궤도에서 이탈하여 전혀 다른 형질로 등장한 기형적 돌출물이기도 하다. 세계사적으로 보아 80년대는 학생 운동의 전반적인 퇴조기였다. 유럽과 미국의 학생 운동이 막을 내렸고 옆 나라 일본 전공투도 패배주의와 내분으로 뿔뿔이 흩어졌다. 유독 한국만 학생운동이 활활 타올랐다. 왜 그랬을까. 그 시기 우리에게는 5월 광주와 전두환이 있었기 때문이다. 전두환이 없었다면, 5월 광주가 없었다면 386은 대한민국 역사에 등장하지 않았을 것이고 등장했더라도 부실한 동력으로 얼마 가지 않아 꺼지고 말았을 것이다. 그래서 감히 소생은 386을 전두환 키즈라고 부른다. 생육하고 의지하는 우호관계가 아니라 출생부터 아비를 죽이기 위해 칼을 물고 태어난 세대이기는 하지만 어쨌거나 새끼는 새끼니까.

386은 크게 넷으로 나뉜다. 먼저 전기 386과 후기 386이다. 전, 후기 대학 출신을 말하는 게 아니다. 전기 386은 80년 당시 전선에서 무인정권과 싸웠던 당사자들이다. 전두환을 죽일 수 있다면 악마와도 손을 잡을 수 있다는 생각에 기꺼이 마르크스레닌주의를, 주체사상을 받아들였다. 소련 등 동구사회주의국가가 붕괴되던 시기 이른바 평등파(PD) 운동권은 순발력 있게 전향하면서 그 이데올로기를 내려놓는다. 90년대 북한의 실상이 알려지고 300만 가까이가 굶어죽었다는 사실 앞에 이번에는 자주파(NL) 일부가 돌아서서 그 칼끝을 북한 전체주의정권에 겨눈다. 후기 386은 운동권 심파(sympathizer의 약자로 동조자들의 의미)를 중심으로 동심원처럼 한국사회에 퍼져있는 무리들이다. 이들은 동료가 구호와 함께 투신하는 모습을 도서관에서 지켜보았으며 시위 도중

부상당해 피 흘리는 친구들을 피해 후문으로 귀가했다. 친구가 감옥에 갈 때 그들은 회사에 취업했고 사법 연수원을 다녔으며 언론사에 취직했다. 당연히 이들의 부채의식은 어마어마하다. 어떻게든 자기 치료도 해야 한다. 그래서 더 극성이다. 현재 반(反)역사, 반(反)대한민국의 든든한 후원군은 바로 이들이다. 이들은 여전히 민주 대 반민주의 구도로 세상을 보고 있으며 '해방 전후사의 인식'은 읽었으되 '해방 전후사의 재인식'에는 관심도 없으며 마르크스는 알아도 자유주의와 미제스는 들어 본 적도 없다(당연히, 마르크스가 '자본' 제1권을 을 출간한 후 칼 멩거의 한계가치이론으로 반박을 당하자 후속편 출판을 연기했다는 사실은 들어보지도 못했을 것이다). 아는 것이라고는 80년대 지하 대학에서 선배들로부터 배운 반쪽 지식이 전부인 팔푼이들이다. 그러면서도 그게 세상의 모든 진리이자 진실이라고 믿고 있다. 정말이지 최악이다. 지금도 이들은 철지난 노래를 부르고 철지난 이데올로기를 향수 대신 몸에 바른다. 이들의 본질이 구질구질한 신파(新派)인 까닭은 이 때문이다. 세 번째는 생활 좌익이다. 이들은 지난 30년 간 꾸준히 진행해 온 사회운동이 생활과 결합된 사람들이다. 각종 사회단체, 시민단체는 이들에게 자신의 신념을 표방하는 창구이자 생활의 터전이다. 전향? 안 한다. 하고 싶어도 난처하다. 생활 기반도 무너지고 십 수 년 간 쌓아온 인적 네트워크도 엉망이 된다. 이들에게 좌익은 생활이다. 마지막으로 80년대에서 시계가 멈춘 소수 386이다. 이들에게 남한은 여전히 미제의 식민지이며 한반도는 분단의 고

통으로 신음하고 있으며 예속 독점 자본가들이 민중의 피를 쪽쪽 빨아먹는 세상이다. 북한의 세습 군주는 아직도 이들에게 경외의 대상이다. 북한은 미제와 대립구도 하에 있으므로 북한의 핵개발은 정당하며 모든 군사적 도발에는 그 이유가 있다. 이들은 생활좌익 및 후기 386과 결합하여 대한민국과 최후의 전면전을 치룰 준비 중이다. 한 세대가 30년을 이어지며 이렇게 현실에 영향을 미치는 사례도 아마 찾아보기 힘들 것이다.

386의 공은 민주화일까. 그렇기도 하고 아니기도 하다. 피 터지게 싸워 직선제 개헌을 끌어낸 것으로 치면 그런 셈이지만 실은 민주화는 위장이고 다른 목표를 가지고 있었다는 것을 생각하면 다소 계면쩍다. 민주화는 정치운동의 결실이 아니라 경제성장의 결과다. 영화 '남영동 1985년'에서 주인공은 주장한다. 민주화가 실현되면 지금 대부분의 문제가 해소될 것이라고. 이것이 순진한 혹은 순수한 민주화론자들의 한계다. 민주화만 가지고 민주주의는 이루어지지 않는다. 해방 이후 남한 좌익 운동권을 당황하게 만든 사례가 두 번 있었다. 첫 번째는 1970년대 중반 남한 경제가 북한 경제를 앞서기 시작한 때이다. 북쪽이 우월하다고 믿었다. 실제로 1970년대까지 북한의 경제는 남한보다 사정이 나았다. 그러나 국가가 일방적으로 주도하는 경제발전은 일시적으로 통계와 수치를 끌어올릴 수는 있지만 기초 체력을 만드는 일과는 무관하다. 비자발적이고 효율성이 배제된 경제 시스템은 결국 주저

앉게 된다. 두 번째는 80년대 중반 남한 경제의 성장이다. 85년 7퍼센트에서 86년 12.9퍼센트라는 비약적인 발전을 한다. 85년 무렵 외채가 5백억 달러에 달해서 곧 망할 줄 알았다. 그런데 줄기 시작했다. 86년 445억 달러, 87년 356억 달러, 88년 321억 달러. 빚은 줄고 성장률은 올라갔다. 잘 살게 되었다, 고 하면 좀 무식한 표현이고 경제 체질이 바뀌었다는 의미이다. 보약도 실효를 보려면 반년은 먹어야 한다. 양약도 최소 3개월이다. 중공업 중심과 수출 중심의 경제 정책이 드디어 체질화된 것이다. 경제 약질이 경제 강질로 바뀌었다. 그 결과 배부른 백성들이 보다 고급한 요구를 시작했고 결실을 거둔 것이 민주화다. 그럼 386의 한 일은? 10년 여 투쟁의 세월 끝에 국가에 대책 없이 밀리던 시민, 사회 부문을 비약적으로 약진시킨 것이다. 이제 일부 사회부문은 국가를 압도한다. 이게 386이 거둔 구체적인 성과다.

바울이 그랬다. 어려서 한 것을 어른이 되어 잊었노라고. 모든 운동에는 도구가 필요하다. 새로운 현실인식이든 이데올로기든 뭐가 있어야 운동이 진행된다. 누구는 마르크스레닌주의를 펴들었다. 누구는 주체사상을 높이 치켜들었다. 또 누구는 민족해방은 맞는데 주체사상은 좀 아닌 것 같다며 조건을 달았다. 이제 내려놓을 때가 되었다. 한때 소중하게 목숨처럼 아꼈으나 버려야 한다니 아까울 것이다. 집을 넓게 쓰는 방법은 정리를 잘하는 것이 아니라 내다 버리는 것이다. 버려야 집이 제 구실을 한다. 사람도 마찬가지다. 버려야 건강한 생명체가 된다. 그래서 현실 인식이 중요하다. 대한민국은 어떤 나라인가. 해방직후 이 땅에 어떤 일이 있었나. 무엇이 남과 북을 다르게 만들었나. 미국은 우리에게 어떤 존재인가. 세계 좌익 운동의 성과와 교훈은 무엇인가 등등. 그런데 안 하는 사람들이 있다. 싫어, 안 해, 못 해!!! 혼자서 좌익 신념을 불태우는 건 상관없다. 사상의 자유가 있으니까. 피씨방이나 치킨집을 하면서 주체사상을 성경 읽듯 매일 10페이지씩 읽고 묵상해도 된다. 그런데 그 사람이 교사, 공무원, 군인 같은 직업을 가지고 있다면 그건 문제가 달라진다. 그런데 우리 사회에는 수두룩하다. 정말 많다. 386의 일부가 과거와 결별하지 못하고 아직도 반(反)자유민주주의, 반(反)대한민국의 열정을 불태우는 중이다. 이 책을 기획한 동기다.

386의 특징을 꼽으라면 반미, 친북 민족주의, 반(反)대한민국 정서다. 이 세 가지를 중심으로 이 책을 썼다. 시간이 흘렀다고 386을 486이라고 부르는 사람들이 있다. 해괴한 발상이고 잘못된 표현이다. 위에 적은 세 가지가 386의 기본 정서였고 그 정서에 호응하면 나이와 상관없이 386이다. 예를 들자면 노무현 전(前) 대통령이 그랬다. 아직도 학교 안에서 반미 대자보를 써 붙이는 학생이 있다면 그 어린이도 386이다. 이 책에서는 운동사 길게 안 쓴다. 그런 건 다른 책에 얼마든지 있다. 노선 논쟁 대충 다룬다. 사후에 정리하고 이름 붙인 것들이 태반이다. 의미 없다.

각종 시위 연대기 순으로 나열하지 않는다. 신문사 DB 들어가면 다 있다. 어떻게 반미를 외쳤고 왜 친북으로 우르르 몰려갔으며 고질병인 민족주의와 평등주의 정서는 왜 그리 불타올랐고 반(反)대한민국적 사고는 어떻게 정착되고 확산되었는지를 쓸 것이다. 누굴 가르치려고 쓴 것 아니다. 다만 객관적으로 기록하고 싶었을 뿐이다. 서론 길게 쓰는 병을 못 고쳤다. 죄송하다.

꼰빠이 386

은밀하고 발칙한 남한 좌익 운동의 절정

차례

2부 아직도, 깨어나서 외치는 철 없는 함성

1부
3반(反)의 시대

출생신고서

– 이 한 장의 사진

어지간히 감수성이 풍부했나 보다. 책방에서 우연히 펼쳐본 이 사진과의 만남 이후 열두 살 소녀는 자신의 인생을 보기 전과 본 후 둘로 나눴다. 미국의 예술 비평가 수잔 손탁(1933~2004) 이야기다. 그때의 느낌을 손탁은 마치 날카로운 칼에 찔린 것 같았다고 회상한다. 사진은 알려진 대로 영국의 사진작가 로지 로저의 작품이다. 이걸 작품이라고 해야 할지 좀 망설여지기는 하지만 어쨌거나 베르겐 벨젠(Bergen Belsen)과 다하우(Dachau)수용소에서 벌어졌던 유태인 학살은 그녀의 책 '사진 이야기'에 삽입되어 세상에 널리 알려진다. 12세 소녀가 사진에서 본 것은 공포와 슬픔이었다. 그 후 그녀가 이 사진의 의미를 깨달았을 때 그것은 단순한 죽음이 아니라 거대한 폭력이었다. 죽은 자들의 참상이 아니라 죽고 죽이는 사진 밖의 인과관계를 이해한 것이다. 우리에게도 비슷한 사진이 있다.

그날 사진 속 이 젊은이는 죽거나 크게 다쳤을 것이다. 군용 차량과 곤봉을 든 군인은 공권력을 상징한다. 외형상 문제가 없는 사진이다. 어차피 공수부대란 건 적 후방에 침투하여 후미를 '조지는' 역할이다. 아마 수천 번 연습한대로, 교전 수칙에 적혀 있는 대로 정확히 두부(頭部)를 갈겼을 것이다. 문제는 잡힌 채 맞는 사람이다. 민간인이었다. 이 사람의 사진 직전의 행동은 중요하지 않다. 어쩌면 그는 칼을 들고 공수부대원을 찌르려 했을지도 모르고 이미 돌멩이로 한 차례 철모를 내려깠을지도 모른다. 그러나 사진은 시간의 흐름 속에 정지해 있다. 정지해 있다는 이야기는 다른 고려가 끼어들 여지가 없이 그것 자체로 독립된 하나의 사실 혹은 진실이라는 이야기다. 이 사진이 전달하는 건 분노다. 공권력에게, 그것도 전시도 아닌데 군인에게 민간인이 가격당하는 이 사진은 극단적인 공포와 슬픔 끝에 과격한 분노로 마무리된다. 비평가 이영준은 5·18과 조우한 순간을 이렇게 기록한다.

"그 사진은 나의 내면을 격하게 흔들어 놓았다…(중략) 사진집을 한 장씩 넘기다가 그 사진을 맞닥뜨린 순간 나는 '억'하는 충격과 함께 움직일 수도, 사고할 수도, 나 자신을 추수를 수도 없었다. 그냥 '사람이 이렇게까지 됐는데 이 세상의 의미란 것이 무엇인가, 나 자신이 살아있다는 것이 무엇인가, 죽어버려야겠다'는 생각 밖에는 들지 않았다."

–이영준, 〈5·18 이미지와 관련하여 놀라운 일 몇 가지〉, 2013, 77쪽.

수잔 손탁 빰치게 처절하다. 이영준만 그랬을까. 우리는 특정 사건을 중심으로 세대를 분절하는 일에 익숙하다. 그 결과 4·19 세대가 나왔고 6·3세대가 그 뒤를 이었으며 짧았지만 전태일 세대가 있었다. 전태일 세대는 근로기준법을 공부하다가 힘에 부쳐 '나한테 대학생 친구가 하나만 있다면'하고 탄식한 전태일의 말에 가책을 느끼고 공장으로 간 세대다. 물론 나중에 산업 현장에 침투한 대학생 친구는 물론 유학파 멘토까지 있었다는 사실이 밝혀져 황당하긴 했지만. 그리고 이어지는 것이 5·18세대다. 5·18의 추체험을 통해 수많은 청춘들의 가슴에 불길이 일었고 이전까지의 소박한 민주주의와 결별한 끝에 기꺼이 동서양의 급진적인 운동관을 가지고 학생 운동에 뛰어 들었다, 고 386을 설명하면 참 아름답고 휴머니즘이 넘치는 결말인데 사실은 그와 좀 다르다. 일단 386 운동권은 6·25 전쟁 이후 꾸준하게 명맥을 이어온 남한 좌익 운동의 연장선상에 있으며(실은 이 뿌리는 1920년대까지 거슬러 올라간다) 둘째로 마르크스레닌주의는 이미 1950년대부터 학습되기 시작한 운동권의 기본 커리큘럼이었다. 이 사진의 진정한 의미는 따로 있다. 바로 좌익 운동권에게 '대중'이라는 선물을 안겨준 것이다. 이전까지 남한 좌익 운동권의 숙원은 혁명적 전위정당의 결성이었다. 실제로 몇 번 만들었다. 뭐 큰 역할을 하거나 위협적이라고 보기에는 좀 무리가 있지만 인혁당, 통혁당, 남민전 등이 그것들이다. 문제는 당시에는 전위정당을 만들어봐야 막상 지도할 대중이 없다는 사실이었다. 그래서 당시의 좌익운동은 그 색깔을 잃지 않고 있는 것만으로도 운동이나 다름없었다.

그런데 굳이 포섭하지 않아도 알아서 협조해주는 어마어마한 대중 자원(資源)이 생긴 것이다. 게다가 두려움 때문에 운동에 투신하지 못했던 분위기가 일소되면서 좌익분자들을 양산할 수 있는 최적의 시스템이 갖추어졌다. 해방 이후 최고조로 타올랐던 좌익 운동, 그래서 감히 소생은 386 운동권을 남한 좌익 운동의 절정이라고 부른다.

남한 좌익 운동의 계보

연장선상에 있다고 해서 80년대 이전의 좌익운동과 유전자가 같다는 이야기는 아니다. 뭐랄까, 이전의 좌익운동은 좀 헤맨다는 느낌이 있었다. 남한 사회의 성격 규정에도 서툴러 한때 남한을 식민지반봉건사회로 파악했는가 하면 북에 대한 태도도 일관성이 없었다. 가령 통혁당, 남민전은 북한 노동당 정권의 지부로 분류가 가능하지만 인혁당이나 불꽃회 같은 경우에는 자생적인 좌익조직으로 봐야 한다. 굳이 공통점을 찾자면 인적 계보에서 희미하게 나마 남로당 혈통이 남아있는 정도? 연장선상이라는 말을 이해하기 위해 시계를 조금만 뒤로 돌려보자.

분단 직후 남쪽에 미군이 진주하고 반공 정권이 들어선 것은 좌익들에게 비극이었다. 이후 신탁통치를 놓고 혼선을 빚고 무분별한 봉기를 남발한 끝에 전력이 약화되었으며 좌익 운동의 본산이 북조선으로 옮겨가는 수모를 겪었다. 최종적으로 남한 좌익이 식물화된 것은 6·25 전쟁을 통해서다. 6·25 전쟁은 두 가지 측면에서 중요하다. 하나는 남한 좌익 운동사를 읽는데 다른 하나는 지금 현실을 반추해 보기 위해.

6·25에 대한 정의를 하라면 대부분 이렇다. '김일성이 소련과 중국의 지원을 받아 남침한 전쟁으로 국군과 미국을 중심으로 한 유엔군이 맞서 싸웠다.' 절반만 맞는 정의다. 6·25 전쟁은 북한군이 남한 좌익과 합세한 전쟁이었다. 합세가 아니라 보조겠지 생각하면 곤란하다. 6월 28일 당시 육군 본부 산하에 있던 국군 병력은 2만 5천여 명에 불과했다. 지리산 등에서 빨치산 활동을 벌인 좌익의 숫자는 최소 2만에서 최대 6만 명이었다. 정규군을 압도할 수준이었다는 이야기다. 쫓기는 주제에 "아침은 서울, 점심은 해주, 저녁은 평양"이라는 국방장관 신성모의 횡설수설 뺨치는 호언이 북한에도 있었다. 북한은 전쟁에서 빠른 시간 내에 승리를 거둔 후 1950년 8월 15일에 서울에서 성대한 광복절 행사를 치루겠다는 계획을 세웠다. 이들은 50일이면 전쟁이 끝날 것으로 판단하여 역순하여 6월 25일을 전쟁 개시일로 잡았다. 1950년 6월 25일 북한군 19만 8,380명이 일시에 밀고 내려온다. 암호명은 '폭풍', 새벽 4시에 벌어진 기습 작전이었다. 3년 1개월간 한반도는 피비린내에 잠기게 된다. 6·25 전쟁의 특징 중 하나가 민간인 피해가 많고 또 그 죽음이 참혹했다는 사실이다. 민간인 사망자

들의 시신이 발견된 곳은 전선이 아니라 후방인 주거지역이었다. 사망 원인도 총격이나 포격이 아니라 죽창, 낫, 몽둥이에 의한 것이었으며 총격 사망의 경우에도 전투가 아니라 처형의 정황으로 추정되는 위치에 상흔이 있었다. 남한 좌익들에 의해 벌어진 무차별 학살이었다. 이 부분은 중요하다. 6·25 전쟁을 북한군과 남한 좌익이 합세한 것으로 규정하지 않으면 이 모든 학살의 책임이 남한 군경에게 돌아간다. 생각해보라. 전선은 한참 위쪽인데 민간인 피살은 남쪽에서 벌어졌고 여기에 남한 좌익의 존재를 빼버리면 모든 학살은 다 군경의 몫 아닌가. 실제로 김일성은 전쟁을 일으킨 후 남한 좌익들에게 계속해서 메시지를 송출했다. 북한군이 점령한 지역에서는 협력과 반동 처단을 주문했고 미점령지역에서는 후방 교란과 폭동을 지시했다. 점령한 지역에서 누가 반동인지 북에서 내려온 군인들이 어떻게 알 것인가. 총은 북한군이 쐈더라도 지목은 좌익들이 했다는 얘기다. 12만 명에 달하는 민간인 피살자들은 결국 좌익의 손에 의해 죽어간 것이다. 글이 좀 빗나갔다. 6·25 전쟁 당시의 남한 좌익 활약사를 설명하려는 게 아니다. 활약은 활약인데 암약(暗躍)의 기록이다.

남한 좌익의 위험성을 정부가 몰랐던 것은 아니다. 여수반란순천폭동사건 이후 이승만 정부는 좌익의 실태와 위협을 충분히 실감한다. 당시 CIA 보고서는 좌익의 숫자를 전체 인구의 10퍼센트까지 추산한 바 이들의 위협은 실질적이고 구체적인 것이었다. 1949년 이승만 대통령은 숙군작업에 착수했고 5천여 명의 좌익 군인들을 제거한다. 전체 병력이 10만 명 미만이었으니 엄청난 숫자였다. 어떻게 이렇게 많은 좌익들이 국군에 들어와 있었던 것일까. 국방 경비대를 만들었던 1946년 당시 미군정청 군사국의 한국인 고문이었던 이응준은 지원자들의 신원조사를 건의한다. 그러나 묵살된다. 미군정은 신병을 모집할 때 신체검사와 구두시험만으로 합격자를 선발했다. 그 결과 경찰의 추적을 받던 골수좌익세력이 대거 국방경비대에 입대한다. 여수반란순천폭동을 주동한 14연대는 특히 심했다. 창설 당시 입대지원자가 거의 없어 지원자를 무조건 입대 합격처리했다. 그 결과가 여수반란순천폭동사건이었다. 1949년 3월 여수반란순천폭동에 직접 참가한 자들을 중심으로 장교 326명, 사병 1,170명 등 1,496명을 1차로 걸러낸다. 7월까지 4,749명의 좌익을 잡아냈다. 반란 주모자 등 10퍼센트는 사형 및 징역이었고 나머지는 불명예제대 처리했다. 숙군 작업은 계속 된다. 1948년에는 장교, 하사관, 사병 등 169명을 추가로 쳐냈으며 50년에는 육군과 공군에서 56명을 체포했다. 이 작업이 이루어지고 6·25 전쟁이 터진 것은 다행이었다, 라고 말하기는 아직 이르다. 본격적으로 그때까지 남아있던 군대 좌익들의 동향을 살펴보자.

1950년 6월 초, 8개 사단장을 비롯한 육군 수뇌부의 대대적인 인사조치가 있었다. 전쟁 직전이었다. 교체된 신임 지휘관이 해당부대의 상황을 파악하고 통솔하기 위해서는 시간이 필요하다. 그 시간이 주어지지 않았다. 북한군의 동태가 심상치 않다는 보고가 계속해서 올라오고 6월 11일부터는 강도 높은 경계조치가 취해졌다. 그런데 난데없이 6월 23일 24시를 기해 경계강화조치를 해제하고 전 장병들에게 외출, 외박, 휴가를 허용했다. 그 결과 6월 24일, 전 장병의 3분의 1이 부대를 벗어났다. 상식적으로 있을 수 없는 일이다. 6월 24일 저녁 육군회관 준공을 기념하는 연회가 벌어졌다. 채병덕 참모총장을 비롯하여 군 수뇌부가 새벽까지 술을 마셨다. 어이없는 일이다. 채병덕은 총장 관사에 나최광이란 중위 부관을 두고 있었다. 나최광은 6월 25일 새벽 춘천의 제 6사단 7연대장 임부택 중령의 숨 넘어가는 인민군 전면 남침 보고를 곤히 주무신다는 이유로 바꿔주지 않았다. 나 중위는 6·25 이후 실종된 것으로 되어있다. 그러나 국군장교 명단에 나최광이라는 이름은 없었다. 6·25 전쟁 당시 미군의 지원을 받아 조직된 일명 켈로부대에 근무했던 이연길 씨의 증언은 더욱 섬뜩하다. 춘천에서 좌익 용의자가 체포되었고 심문을 마친 이연길은 용의자를 풀어주려 했다. 이북에서 대학교수 생활을 했던 평범한 월남자로 신분이 밝혀졌기 때문이다. 이때 채병덕 참모총장의 직속 부하였던 국방부 제4국 신치호 중위와 문상훈 소위가 들이닥쳤다. 둘은 용의자의 신병을 인수해 가더니 무자비한 고문을 가했다. 용의자는 죽기 전에 이연길에게 유언처럼 말했다. 나는 죄가 없다고. 그런데 신치호와 문상훈이 “변절자 새끼 빨리 죽어라”

하면서 고문을 했다는 말을 남겼다고 한다. 숙군 작업이 있었지만 그것을 피해 간 어쩌면 숙군 작업에 주도적으로 참여했을지도 모르는 고급 장교들 중 좌익 세력이 그대로 남아있었음을 의심하게 하는 대목이다.

전쟁이 끝났다. 남과 북은 상처를 부지런히 전화(戰火)의 상처를 꿰매고 치유했다. 전쟁을 통해 남과 북의 인적 구성이 재편성됐다. 그러나 완벽한 건 아니었다. 일부는 남으로 내려오고 일부는 북으로 올라갔지만 양쪽 다 남은 자들이 있었다. 북쪽의 남은 자들은 말로만 민주주의고 실은 공산당 독재인 시스템 하에서 버틸 재간이 없었다. 자연스럽게 소멸되거나 그 힘을 발휘하지 못했다. 남쪽은 상황이 달랐다. 명색이 민주주의 국가였고 사상의 자유를 보장했다. 물론 전쟁 직후에는 숨소리 이상을 내기 힘들었다. 남쪽의 잔류자들이 다시 목소리를 내기 시작한 것은 4·19 직후였다. 세상은 온통 혼란이었고 이데올로기는 부활하고 있었다. 이른바 혁신계 인사들과 학교에 남아있던 좌익 세력이 슬슬 교류를 시작했다. 서울대 최초의 노동 현장 투신가인 김정강의 구술 기록은 흥미롭다. 김정강은 서울대를 중심으로 명문 대학 출신 약 50여 명이 노동현장에서 조직운동을 전개한 조직의 리더였는데 비밀 유지를 최선으로 삼았기 때문에 단체 명칭과 강령 같은 것을 따로 정하지 않고 활동했다. 이들은 남민전 사건의 여파로 발각되었는데 박정희 대통령 시해 직후의 어수선한 분위기 속에서 유야무야되는 행운을 누렸다. 김정강은 1959년 서울대 정치학과 입학했다. 당시 서울대 문리대의 분위기는 철학은 실존철학이 대세였고 정치학은 좌익 정치학이 지배하고 있었다. 정치학과에서 신입생 김정강은 헤럴드 라스키의 '정치학 개론'을 배운다. 라스키는 기본적으로 마르크스주의와 이데올로기를 공유한다. 정확히는 라스키주의의 토양이 마르크스주의라고 하는 게 맞겠다. 몇 구절만 보자.

"급진적인 국유화는 문제가 되지 않는다. (중략) 예컨대 은행업은 명백히 국유화될 종목이며 (중략) 광업과 석유업의 국유화에 대해서는 논할 여지가 없다. 이와 반대로 조선업 같은 것은 나의 생각으로는 명백히 국유화될 유력한 종목이나 (중략) 어떠한 산업 국유화에 있어서든지 생산수단의 소유가 국가에 귀속함은 불가결한 것이다('정치학 강요' 하권 p.154 민중서관, 1954년).

그러니까 6·25가 끝난지 불과 6년이 지난 1959년 대학에서 이미 혹은 벌써 사회주의가 소개되고 있었던 것이다. 정치학과에는 '신진회'라는 모임이 있었다. 신진회의 모토는 '제3세계 이론과 민주사회주의를 연구한다' 였다. '정문회'라는 것도 있었다. 정치문학회의 약자인데 통혁당 사건으로 사형당한 김질락이 여기 출신이다. 김정강의 1학년 2학기 때 정문회 모임에서 김질락은 '시월'이라는 자작시를 발표한다. 이렇게 시작한다. "10월에 부치노

라. 레닌의 붉은 연서…" 전쟁은 끝났지만 이데올로기의 대결까지 끝난 건 아니었다. 김정강 뿐이 아니었다. 60년대 초반의 각종 사회운동 기록에는 인혁당 사건으로 사형당한 도예종, 이수병 등의 이름도 나오고 이때부터 빨치산 투쟁을 해야 하느니 6·25 때보다 교통도 좋아지고 토벌군도 강력해졌으니 지하당 활동을 해야 하느니 등의 논의가 등장한다. 그 운동인자들의 활동 기록이 바로 통혁당, 남민전 등등이다. 남한 좌익 운동사에 단절은 없었다는 얘기다. 그리고 이 운동이 80년대 들어 전국적으로 확대되면서 과격하게 진행된 것이 386 학생 운동인 것이다.

1. 반미(反美), 심장에 불을 지르는 매혹적인 슬로건

-좌우가 망설이지 않고 동의할 것으로 믿어 의심치 않는 역사적 사실을 중심으로

분단의 책임은 누구에게 있을까. 실은 이 질문을 공론화시키는 것 자체가 부끄러운 일이다. 책임은 우리에게 있다. 우리가 못나서 허리가 잘린 것이다. 미국은 주범이고 소련은 공범이다, 라는 사람도 있다. 속셈을 따지자면 결국 소련이 주범이다, 라는 사람도 있다. 다 쓸데없는 말이다. 당시 미국과 소련은 각자의 국익에 충실했을 뿐이다. 개인은 대체로 이기적이고 어쩌다 가끔 이타적이다. 그런데 집단이 되면 문제가 달라진다. 개인의 이타심에 견줄 수 있는 집단의 이타심은 찾기 어렵다. 더구나 집단이 국제 차원이 되면 오로지 순정 이기파가 된다. 실은 한반도 분할 논의는 오래전부터 주변 강대국들 사이의 협상 단골 메뉴였다. 힘의 균형이 팽팽해 전쟁 등 사태 해결의 실마리가 보이지 않으면

어김없이 조선이 식탁 위로 올라온다. 1593년 도요토미 히데요시는 임진왜란 중 명나라에 국서를 보내 조선 분할을 타진했다. "조선 8도 중 남쪽 3도를 우리에게 준다면 전쟁을 그치겠다." 1894년에는 영국 외무장관 존 킴벌리가 청나라와 일본에게 서울을 경계로 조선을 나눠 가지면 어떻겠냐고 제안했다. 1896년 일본 특사 야마가타 아리토모는 러시아에게 39도 선을 경계로 조선을 쪼개자고 제의했다. 1903년에는 주일 러시아 공사 로마노비치 로젠이 일본에 한반도 분할을 요청했다. 정말 짜증난다. 우리는 완전히 '밥'이었다. 홍어 생식기보다 열 배는 만만한 게 조선이었고 그 불쌍한 땅은 당시 주변국들이 필요에 따라 나눠 갖는 깍두기 같은 존재였다. 하긴 피터지게 싸우느니 그게 외교적으로 아름답긴 했을 것이다. 그게 현실이 된 것이 48년 분단이다.

분단과 관련된 48년 이전 상황을 간략하게 살펴보자. 43년 무렵 연합국측은 전쟁이 승리로 끝날 것이라는 확신을 가지게 된다. 종전 이후의 상황을 논의하기 위해 연합국 대표들이 모인 것이 43년 카이로 회담이다. 여기서 한반도 문제가 처음 논의되었다. 결론은 '전쟁이 끝난 다음 조선을 바로 독립시키지 않는다. 대신 신탁통치를 실시한다'였다. 다른 사안도 많은데 뭐 오래 다루지도 않았을 것이다. 뭐 영양가 있는 나라라고. 45년 얄타 회담에서도 조선 문제가 나왔지만 결론은 예전 의결안 그대로 통과. 아, 조금 논의가 발전된 내용도 있다. 신탁 통치 기간이다. 루스벨트는 한 2~30 년 어때? 라고 말했고 스탈린은 좀 길지 않아? 대꾸했다. 루스벨트 발언의 2~30년은 나름대로 계산의 결과가 아니라 무관심이 그 본질이다. 회담 말미에 루스벨트는 일본이 극성스럽게 버티니 독일이 항복하고 여유가 생기면 대일본전을 도와달라고 요청한다. 스탈린은 독일이 항복하면 두 달 후에 참전하겠다고 약속한다. 45년 5월 독일이 항복한다. 그 사이 미국의 사정에 변화가 생겼다. 원자폭탄 실험에서 성공을 한 후 굳이 대일전에 소련을 끌어들일 필요가 없어진 것이다. 그렇다고 지난번에 말한 거 없었던 일로 해도 돼, 하기는 좀 그랬겠지만. 8월 6일 히로시마에 원자폭탄 리틀 보이가 떨어진다. 다음 계획은 8월 9일이었다. 스탈린은 다급해졌다. 8월 9일에 2차 폭탄이 떨어지고 바로 일본이 항복을 해 버리면 자기들이 주장할 몫이 줄어들 것이 뻔했기 때문이다. 스탈린은 이미 항복을 준비 중인 일본에 서둘러 선전포고를 한다. 8월 8일의 일이다. 말은 이랬을 것이다. 약속대로 독일 항복 후 두 달 후 참전했음. 8월 9일 나가사키에 원자폭탄 팻맨이 떨어지는 동안 소련군은 외몽고, 만주, 한반도 동북단, 남부 사할린, 쿠릴 열도 등에서 파죽지세로 밀고 내려왔다. 일본은 독일처럼 분단만은 막아야 한다는 절박함에 8월 10일 전격 항복한다. 초조해 진 것은 미국이다. 소련의 진격이 예상보다 훨씬 빨랐던 것이다. 소련이 한반도를 단독으로 점령하는 사태를 막기 위해 미국은 8월 11일 '일반명령 1호'를 공표하고 소련, 영국, 중국 등에 통보한다. '일반 명령 1호'의 내용은 38선을 경계로 미군과 소련군이 한반도를 분할 점령하는, 그러니까 38선 이북의 항복은 소련이 받고 그 밑으로는 미군이 일본으로부터 받는 것을 포함하고 있었다. 공표해놓고 미국은 속을 태웠다. 스탈린이 싫어, 하면 그냥 끝나는 문제다. 뭘 그리 바쁘게 오나, 일단 내가 항복은 다 받아 놓을게, 하면 소련을 상대로 전쟁을 하지 않는 이상 되돌리기 어려운 것이다. 놀라운 일이 벌어진다. 스탈린이 미국의 제안을 전격 수용한 것이다. 대신 일본 홋카이도 북부 지역을 소련이 점령할 수 있도록 해 달라고 조건을 단다. 미국은 거부한다. 겨우 며칠 전쟁을 해 놓고 점령군 행세가 너무 심하지 않느냐는 강공을 편다. 스탈린은 더 이상 우기지 않는다. 목적이 한국 현대사가 아니니까 요기까지만 보자. 8월 6일부터 8월 11일까지 절묘한 드라마가 펼쳐졌다. 분단의 책임은 누구에게 있는가. 일차적으로 미국이다. 그럼 미국은 악의에 넘쳐 한반도의 분단을 획책했는가. 바보가 아니라면 다 안다. 분단은 전쟁 말미에 벌어진 냉혹한 국제 정치의 피할 수 없는 산물이었다. 소련은 미국의 제안을 받아들였다. 공범이다. 다음은 분단을 제안했더라도 이를 협상으로 되돌리려 했으니까 이를 깬 나라들이 책임을 져야 한다. 미국, 소련의 공동책임이다. 오해를 피하기 위해 몇 가지만 덧붙이자. 남쪽에 미군이 북쪽에 소련이 진주했다고 해서 바로 그게 분단으로 이어진 건 아니다. 분단은 양 쪽에서 각각 정부를 세우면서 구체화된다. 이승만의 정읍 발언을 원흉으로 꼽는 사람이 많다. 뭐냐면 이승만이 각지를 순회하는 도중 1946년 6월 3일에 전북 정읍에서 '남측만이라도 임시정부 혹은 위원회 같은 것을 조직할 것'을 강조하는 내용의 발언을 한 것을 말한다. 그럼 북쪽의 소련과 김일성은 놀고 있었을까. 1945년 12월 모스크바에서는 미 · 소 · 영 · 중 4국이 최대 5년 간 한반도 신탁 통치를 하며 이를 위해 미소 양국의 공동위원회를 설치한다는 결정을 내렸다. 그래놓고 1946년 2월 소련군과 북조선공산당은 북조선임시인민위원회를 설립한다. 이 위원회는 북조선의 인민, 시회단체, 국가기관이 실행할 임시 법령을 제정하고 발포할 권한을 갖는다고 밝혔다. 사실상의 정부인 셈이다. 게다가 북쪽은 중국 국공 내전의 후방 병참기지 역할까지 맡고 있었다. 이승만이 조심스럽게 의견을 피력하는 동안 이미 북쪽에서는 차근차근 정권이 만들어지고 있었던 것이다. 결국 기록을 훑어보면 미국과 소련이 번갈아가며 분단의 주역을 맡았다. 약자인 주제에 책임을 물어봐야 참으로 공허하다는 말씀이다. 이제부터 반미가 절정에 달했던 1989년을 중심으로 어떤 역사 왜곡과 선전, 선동이 이루어졌는지 살펴보자.

조선대학교 민주조선 편집위원회가 발행한 '민주조선 창간호'를 보자. 창간의 변은 이렇게 시작한다.

'40여 년의 오욕과 굴종으로 얼룩진 조선의 대지(大地) 위엔 영광의 햇무리가 흐드러지고, 식민과 분단 45년 조국의 하늘엔 민족자주, 민주민권, 조국통일투쟁의 드센 열풍이 휘몰아치고 있습니다.'

강렬하다. 마치 영화 '쉬리'의 한 장면을 보는 듯한 착각에 빠지게 만드는 비분강개의 절정이다. 중간은 이렇게 받는다.

'조국 침탈 120여 년의 불구대천의 철천지원수 미제와 반통일 사대매국세력은 남북 유엔 시차가입과 남북교차승인을 통해 조국강토의 분단을 영구화하고 노태우 매국정권 안정화를 통하여 식민지 종주국으로써 영원히 군림하고자 하고 있습니다.'

철천지원수 미제라… 북한방송을 받아 옮긴 것이 아니다. 남한의 대학에서 만들어지고 남한대학생들이 읽었던 자료집이다. 창간 특집은 '미제침략 백년사'이다. 들어가는 글이 참 심란하다.

'(전략) 세계에서 가장 흉악하고 파렴치한 침략자, 약탈자이며 세계자본주의의 우두머리로서 식민지 · 반식민지를 비롯한 세계의 모든 진보적인 국민들의 첫째가는 공동의 원수인 미제가 남한을 군사적으로 강점한 지도 어언 45년이 흘렀다(하략).

특집은 미제의 침략사를 크게 네 단계로 나눈다. 1945년 이전 제너럴 셔먼호의 평양침략으로부터 강점하기 이전의 시기다. 둘째는 45년~48년까지 직접 통치 시기, 셋째는 48년~53년까지 이승만 괴뢰정권을 내세우는 간접 통치 시기이고 마지막인 넷째가 53년부터 현재(89년)에 이르는 고도한 간접통치 즉 신식민지체제가 공고화되어가는 과정이다. 논쟁할 생각은 없다. 그럴 필요도 없고 다만 소개만 할 생각이다. 386의 반공 이데올로기 분쇄 작전에서 가장 어려운 게 6·25 전쟁이다. 어떻게 풀고 있는지 보자. 당연히 호칭부터가 '한국 전쟁'이다. 발발 원인 같은 건 아예 없다. 건너뛰고 이렇게 시작한다.

'6월 25일 확대된 한국 전쟁은 미국이 북한제도를 붕괴시키고 인민 공화국을 파괴하여 전한국을 장악하기 위한 불의의 전쟁이었으며 이 전쟁으로 대만의 장개석 군대를 지원 조성하여 중국정권을 전복시키고자 한 반혁명전쟁이었으며 고양된 제3세계 민족해방운동에 쐐기를 박기위한 것이었다.'

발발이 아니라 확대란다. 이미 소규모 전투가 벌어지고 있었다는 전제하에 가능한 표현이다. 참고로 북한에서는 6·25를 정의의 전쟁이라고 한다. 전쟁 도중 남한 민중들의 애국적인 반미투쟁을 열거하면서 '젊은이는 강건한 힘으로, 돈 있는 사람은 돈으로 기술 있는 사람은 기술로 반미항전에 나섰고'라고 설명한다. 따옴표 안은 알려진 대로 김일성 어록이다. 자료집은 6·25 전쟁 중 미군에 의해 벌어진 피의 학살을 늘어놓더니 이렇게 맺는다.

'결국 한국 전쟁은 미국이 패배한 최초의 전쟁이었다.(중략) 미국과 이승만을 비롯한 역대 독재 정권은 전쟁도발책임을 북한에 전적으로 돌리

는 데 성공하고(후략).'

좀 이상하다. 휴전 협정 아니었던가. 그리고 전쟁의 책임이면 책임이지 도발책임은 또 뭐람. 하여튼 표현 모호하게 하기 위해 머리 짜내느라 고생 많았다.

반미가 새삼스러운 건 아니다. 남한 좌익 운동사에서 반미는 꾸준히 등장한다. 가령 통혁당 사건으로 사형당한 김질락의 수기인 '주암산'에 보면 통혁당에서 펴냈던 청맥이라는 잡지 이야기가 나오는데 그 책에서 자주 반미를 다뤘다고 한다. 가령 '남이 사는 내 나라' 라든가 '한미 관계의 현단계' 같은 기사에서는 은근히 반미감정을 부추겼으며 '달러와 해병대'같은 특집을 통해 미국의 세계정책을 정면으로 비판하는 동시에 반미사상을 적극적으로 고취했다고 적고 있다. 청맥은 반미, 참여문학을 주창하면서 제거할 문학계 타깃을 둘 설정했다. 하나는 이어령이었다. 김질락은 자유주의 문학의 맹장인 그를 쓰러뜨리지 않고는 참여문학의 깃발 아래 문학을 통한 계급의식의 고취와 현실고발이 불가능했기 때문이라고 설명한다. 다른 하나는 선우휘였다. 참여문학 시비 논쟁에서 참여문학은 프로문학(프롤레타리아 문학)이나 다를 바 없다고 선언한 선우휘의 견해가 참으로 예리하여 폭탄선언이 아닐 수 없었다고 고백한다. 물론 이 모든 반미는 80년대의 시각에서 보면 소심하기 짝이 없는 것들이다. 진짜 대범한 반미는 87년에 녹

두서평을 통해 발표된 이산하(본명 이상백)의 장편 서사시 '한라산'이다. 반미를 팩트로 나열했던 딱딱한 전달 대신 스토리텔링을 입힌 획기적인 작품이었고 시를 읽은 사람들은 분노에 치를 떨었다. 중요한 건 정서를 선점하는 거다. 기억은 사라져도 감성은 남는다. 문학은 모르겠고 '한라산'이 이룬 이데올로기적 성취다. 그 중 일부를 소개한다.

한 라 산

이산하

헛바닥을 깨물 통곡 없이는 갈 수 없는 땅
발가락을 자를 분노 없이는 오를 수 없는 산
제주도에서, 지리산에서 그리고 한반도의 산하 구석구석에서
민족해방을 위하여 장렬히 산화해 가신 전사들에게 이 글을 바친다.

서 시

1

지금으로부터 어언 120여년 전
동아시아의 해군기지로서 조선이 결정된 지

80년의 모진 세월이 흐른 1945년 불볕 여름,
한 손에 '빵'과 또 다른 한 손엔 '해방군'의 탈을 쓰고
발톱까지 무장한 채 당당하게 상륙한 그들은
마침내
순결한 조선의 하늘과 푸른 산하를 두 토막으로 분질러 놓았다
그리고 다시 40여년의 기나긴 세월이 흘렀건만
총독부가 대사관으로 바뀌었을 뿐,
'창살 없는 감옥' 식민지 산하는 조금도 변한 것이 없었다
그리하여
제국주의 침략사 120여년,
다시 쓰여져야 할 피 어린 민족해방투쟁의 한국현대사
압제의 사슬을 잇발로 뚝, 뚝, 끊으며 붉은 피로 얼룩진
그 장엄한 역사의 수레바퀴를 우리 어찌 잊을 것인가!
바람부는 대로 쓰러지는 풀잎이 아니라면
결코 그들의 노예가 아니라면
우리 어찌 보고만 있을 것인가!!

2

이 땅은 아메리카의 한 주(州)
그들의 병영에서 짐승처럼 사육되어 왔던 수많은 날들
그 수많은 신음의 밤들을

누가 잊을 것인가
누가 잊으라고 하는가
1948년 4월 3일
'제2의 모스크바'
밤마다 먼저 간 동지들의 피를 묻고 살을 묻고 뼈를 묻는
혹한의 한라산
그 눈 덮인 산하, 붉은 피를 흘리며 끝내 숨져 간
이름없는 해방전사들의 끊어질 듯 끊어질 듯
끝내 이어지는 저 붉은 핏자국을
누가 잊는가
누가 잊을 것을 강요하는가
동상으로 썩어 문드러진 발가락을 자르며
뼈를 깎는 모진 고문에 여성전사들의 생리마저 얼어 붙는 밤
그들은 기어이 갔다
총알 박힌 다리를 절룩거리며 동지의 어깨에 매달려
진지로 돌아가다
진지로 돌아가다
끝내 쓰러져 버린, 그들은 갔다
기어이 갈 곳으로 가고야 마는 것인가
분노 없이는 갈 수 없는 땅
통곡 없이는 오를 수 없는 산
제주도의 혁명전사들은 그렇게 갔다

尾帝의 각을 뜨다
적의 가슴팍에 불을 지르다
끝내 다 뜨지 못한 채
끝내 다 지르지 못한 채
한 줌 피 묻은 뼈가루로 날아 갔다
적과 더불어 싸워서 죽은
우리의 죽음을 슬퍼 말아라
깃발을 덮어다오 인공의 깃발을
그 밑에 죽기를 맹세한 깃발
………

3

30여 년 만에 걸어 보는 이 학살의 숲은
조금도 변한 것이 없다
산등성이마다 뼈가루로 쌓여 있는 흰 눈이며
나무가지마다 암호를 주고 받는 새들의 울음소리며
멀리 사람 실은 배 한척, 돌 실은 배 한척, 떠나는 바다며
굶주린 배를 움켜쥔 채 허겁지겁 땅을 파헤쳐 씹고 또 씹었던 이
풀뿌리와 나무껍질이며
마지막 남은 잎파리마저 가솔린 냄새를 풍기며 불탔던
이 학살의 숲은

아직도 총소리로 가득하다

움직이는 것은 모두 우리의 적이었지만
동시에 그들의 적이기도 했다
그러나
우리는 보고 쏘았지만
그들은 보지 않고 쏘았다
학살은 그렇게 시작됐다
그날
하늘에서는 정찰기가 살인예고장을 살포하고
바다에서는 함대가 경적을 울리고
육지에서는 기마대가 총칼을 휘두르며
모든 처형장을 진두지휘하고 있었던 그 날
빨갱이마을이라 하여 80여 남녀중학생들을
금악벌판으로 몰고 가 집단 몰살하고 수장한 데이어
정방폭포에서는 발가벗긴 빨치산의 젊은 아내와 딸들을 나무기둥에
묶어 두고 표창연습으로 삼다가
마침내 젖가슴을 도려내 폭포 속으로 던져 버린 그 날
한 무리의 정치깡패단이 열일곱도 안 된
한 여고생을 윤간한 뒤 생매장해 버린 그 가을 숲
서귀포 임시감옥 속에서는 게릴라들의 손톱과 발톱 밑에 못을 박고
몽키 스패너로 혓바닥까지 뽑아 버리던 그 날, 바로 그 날

관덕정 인민광장 앞에는 사지가 갈갈이 찢어져
목이 짤린 얼굴은 얼굴대로
팔은 팔대로
다리는 다리대로
몸통은 몸통대로
전봇대에 전시되어 있었다
'이것이 바로 빨갱이다!'
'빨갱이의 종말은 이렇다!'
광장을 가득 메운 도민들에게 허수아비의 졸개들이
이미 죽은 시체들을 대검으로 쿡쿡 쑤시며 소리쳤다
처참하게 찢어져 형체도 알아 볼 수 없었지만 도민들은
저건 이덕구, 저건 김운민, 저건 김병남, 남진, 박남해……
속으로 속으로만 어림잡았다
통곡도 오열도 없었다
도대체 사람이어야 통곡이라도 하지
그것은 사람이 아니었다
결코 죽은 사람도 아니었다
그것은 푸주간에 걸린 짐승일 뿐이었다
한 개의 총알이 심장을 뚫고 간 것은
차라리 행복한 죽음이었다
해안에서 불어 오는 모랫바람이 한라산을 미친듯이
뒤흔들고 있었다

미군은 즉각 철수하라!
이승만 매국도당을 타도하자!
조국통일 만세!
제주빨치산 만세!
붉은 저녁노을이 멀리 관덕정 인민광장위로 지고 있었다
산은 다시 한 번 알몸이 되고
그 빈 숲에
그들은 다시는 돌아오지 않았다
살아 흘러가고 죽어 흘러가고
마침내 살아 있는 모든 것이 흘러 갔다
몸 가릴 곳 하나 없는 이 참혹한 겨울숲
마지막 몇 사람이 기적처럼 살아 걷는 이 학살의 숲
누가 그 날을 기억하지 않는가

4

돌려주자
오늘도 노란 유채꽃이 칼날을 물고 잠들어 있는
아! 피의 섬 제주도
그 4·3이여,
우리의 심장에서 흐드러지게 피어나는 이 진달래꽃을
그 누가 꺾을 수 있으랴

돌려주자
기름진 지주와 자본가의 살을 죽창에 꽂아
그들에게 돌려주자
공장의 프레스에 싹둑싹둑 잘려 나간 노동자들의 손가락을
포크레인에 찍힌 철거민의 팔과 다리를
얼어붙은 배추포기 같은 삶을 살다 농약 속으로 사라져 간
농민들의 그 골수에 사무친 원한을
그리고
푸르른 5월의 금남로를 승냥이처럼 할퀴고 간
저 피 묻은 손을
찢어,
갈갈이, 찢어서,
'조국 아메리카'의 후예들에게 돌려주자
그리하여
똑똑히 들어라
우체통이 빨간 것은 빨갱이사상에 물든 탓이 아님을
바로 너희들 때문임을
한반도 인민들의 피가 붉은 것도 바로 너희들 때문임을
그리고 침묵하라, 피로 맺어진 '혈맹 우방'이여
그대들이 두 눈 뜨고 살아 있는 한
우리는 잠들 수가 없다
너희들의 칼날 위에서 우리는

잠들 수가 없다
그 누구도 잠들 수 없는 이 해방의 산하에
싹둑 잘려 나간 손가락이 아직도 팔팔 살아 뛰는 붉은 피가 있어
농약 먹은 가슴으로 타오르는 싯붉은 피가 있어
탄환의 불꽃으로
탄환의 불꽃으로
저 헐벗고 굶주린 노동자, 농민들의 여윈 손들이 숲을 이룰 때까지
마침내 해방의 숲을 이룰 때까지
적들의 심장에 불벼락을 안겨 주자!!
적들의 시체를 넘고 넘어 동지의 시체를 되돌려 받자, 받자!!!

(하략)

길지만 인용한 것은 이보다 더 386의 반미 정서를 정확히 대변해 줄 수 있는 것이 없기 때문이다. 해서 당시에 나온 유인물들은 대부분 그 발간 일자가 다음 셋 중 하나다. 통일염원 00년, 광주 무장봉기 0년, 반미구국항전 00년. 과연 제주도는 시와 같았는가. 제주도 출신의 작가 현길언은 사뭇 다르게 증언하고 있다. 그는 '한라산' 못지않게 극렬한, 같은 제목의 장편 소설을 발표했던 작가다. 반공 인사와는 거리가 먼 인물이란 이야기다. 그는 이렇게 말한다. "제주 4·3은 의로운 저항이 아니라, 남로당이 대한민국 정부 수립을 방해할 목적으로 일으킨 반란이다." 한편 노무

현 정권 당시 나온 4·3 진상 보고서에 대해서는 “노무현 대통령의 과거사 청산 국정지표를 실현하기 위한 자료일 뿐 4·3의 역사적인 실상을 밝히는 일과는 거리가 멀다”고 잘라 말한다. 그는 왜 이렇게 위험한 증언을 했을까. 그것은 오도된 역사적 사실은 피해자들을 두 번 죽이는 것이기 때문이다. 그저 살기 위해 도망 다녔을 뿐인데 반미 항전의 전사가 된다면 당사자는 얼마나 황당할 것인가.

2차 세계 대전 이후 미국이라는 제국이 등장해서 세계 질서를 재편하는 과정에서 반미 구호가 터져 나오기 시작했다. ‘양키 고 홈, 아메리칸 임페리얼리스트 아웃 어브 000’가 들리지 않은 나라는 별로 없다. 한국은 양키 고 홈 구호가 가장 늦게 등장한 나라다. 그리고 가장 극렬하게 전개된 나라이기도 하다. 장예모 감독의 영화 ‘영웅’은 진시황 암살에 관한 이야기다. 막강한 일곱 국가들이 지배하던 춘추전국시대의 진나라는 중국 영토의 절반을 차지하고 있었다. 각각의 왕국은 천하통일의 대업을 이루기 위해 무자비한 전쟁을 끝없이 치러야했고 인민의 삶은 고통 그 자체였다. 암살단 3인은 진시왕만 없어지면 중국의 고통이 사라질 것이라고 믿었다. 성공직전의 마지막 순간 자객은 암살을 포기한다. 진시왕이 죽는 순간 세상이 평안해지기는커녕 더 심한 그리고 더 빈번한 피바람이 백성들의 삶을 유린할 것이라는 사실을 깨달았기 때문이다. 불편한 진실이고 저렴한 표현이지만 동네에 막강한 깡패가 있으면 질서가 잡힌다. 동네 주민들은 깡패에게 매번 뜯기며 살겠지만 그 깡패가 사라지면 조무래기 깡패들이 병균처럼 창궐하여 삶은 더 고달파진다. 다들 뜯어가려고 난리치고 중복으로 당한다. 미국의 존재는 그런 것이다. 눈치 보느라 아프리카의 독재자들이 분쟁을 맘껏 하지 못한다. 분쟁이 터지면 미국이 개입한다. 미국은 성인(聖人)이 아니다. 이익이 있으니까 그 역할을 자임하는 것뿐이다. 있는 건 꼴 보기 싫지만 없으면 더 힘들어진다. 인간은 불완전하며 세상은 공정하지 않다. 인간은 평등해야 하며 세상은 공정해야 한다는 주장은 아름답기는 하지만 현실에는 결코 구현될 수 없는 유토피아적 발상이다. 미국의 존재란 그런 것이다.

2. 반공(反共)은 이제 그만, 오늘부터 우리 친북(親北)해요 ~ 같은 민족이잖아요

서울대 도서관에서 10시 방향으로 보면 'ㄷ'자 형태로 이루어진 세 개의 동(棟)이 있다. 보통 5, 6, 7동으로 불리던 정치과, 사학과, 철학과, 인류학과 등의 학과 사무실이 모여 있는 곳인데 80년대 초반 학생들은 이곳을 '모스크바'라고 불렀다. 약간의 치기와 오만이 곁들여져 있기는 하지만 이 호칭은 이미 이 구역이 마르크스레닌주의로 단풍잎처럼 빨갛게 물들어 있었다는 사실을 말해준다. 관악산내 모스크바는 86년 말 평양으로 개명된다. 이름은 중요하다. 명칭이 바뀐 것은 그 사이 학생운동의 지향점이 소련에서 북한으로 이동했으며 한국 사회 혁명의 논리가 북한의 대남 전략과 동일하게 확정되었음을 뜻한다. 그리고 그 중심에 속명 종북 좌파, 학명으로 주사 NL이 있었다.

주사 NL을 설명하기에 앞서 먼저 '학생 운동권'이라는 표현부터 다시 짚어보자. 이 말의 최초 뉘앙스는 마치 학생들이 선의로 벌이는 사회 민주화운동 혹은 그 당사자들처럼 들린다. 결론부터 말하자면 전혀 아니다. 80년대 이후 학생 운동권이란 학교에 적을 두고 있는 즉 신분상으로만 학생인 좌익 혁명가를 말한다. 대체로 이들은 1학년이 끝날 무렵 학교와 완전히 결별하고 공산주의 혁명 전선에 뛰어든다. 학교에는 동지들과 토론을 하거나 시위를 하러간다. 담당 교수와는 복도에서 마주쳐도 그냥 지나친다. 누군지도 모르지만 알았다 해도 별로 존중하지 않는다. 제적, 취업 전혀 신경 안 쓴다. 조국과 민중이 미제와 군사 파쇼에 깔려 신음하고 있는데 무슨 배부른 소리. 굳이 구분하자면 딱 두 종류다. 제적당한 학생과 아직 제적당하지 않은 학생. 따지고 보면 매우 당연한 일이다. 공안 당국은 운동 분쇄 업무를 위해 밤잠을 잊는데 이에 맞서 혁명을 추구하는 운동을 방과 후 여가 활동처럼 할 수는 없는 일 아닌가. 80년대 학생 운동권의 구호 중의 하나가 '우리를 용공, 좌경으로 매도하지 말라'였다. 대국민 선전용이었지만 아마 외치면서도 속으로는 꽤나 웃었을 것이다. 학업은 접었지만 운동권 학생들의 공부는 따로 있었다. '지하대학'에서의 공부는 일주일에 메인 텍스트 하나와 서브 텍스트 여러 권을 읽어나가는 방식으로 진행되는데 방학 때면 아예 며칠씩 먹고 자고 공부와 토론만 한다. 대략 1년에 200권 이상의 독서가 이루어지니 정상적인 학과 공부를 했을 때보다 분량은 더 많았다. 다만 방향이 타도와 박살과 사회주의국가 건설이라는 한쪽으로만 몰려 지적으로 심각한 영양 불균형 상태가 된 것이 문제였지만. 제때 치료받지 못한 분들은 30년이 지난 지금도 병든 머리에서 나오는 병든 소리를 지껄인다. 미안하지만 이제는 늦었다고 본다. 치료에는 시기가 있는 법이다. 80년대 학생운동의 노선 투쟁은 대단히 빨리 진행된다. 논리의 발전이 그렇다는 이야기다. 양대 진영이 있었다. '오늘 당장 싸우자, 우리는 학생이니까'와 '상황 봐가면서 천천히 싸우자, 우리는 학생이니까'의 둘이다. 둘은 계속 조직의 이름을 바꿔가며 운동의 주도권을 놓고 격돌한다. 그래서 필요한 게 자신들만의 고유한 혁명 이론이었다. 일단 양자 모두 기본적으로 마르크스레닌주의를 깔고 간다. 그 위에 한국 사회의 성격 분석과 학생 운동의 역할이 더해지면서 알쏭달쏭한 논리와 개념들이 꼬리를 물고 이어진다. 어느 순간 형식이 내용을 압도하기 시작한다. 학습을 위한 학습, 반대를 위한 논리가 만개하고 계보는 복잡해진다. 운동 피로감이 쌓이고 조직은 경색된다. 이때 혜성처럼 등장한 것이 김영환이라는 인물이다.

당시 서울대 운동권은 다섯 개의 패밀리가 장악하고 있었다. 이른바 운동 명가인데 대학문화연구회(앞 글자를 따서 대문을 뜻하는 영어 gate라고 불렀다), 사회과학연구회(역시 앞 글자를 딴 뒤 apple이라고 한다) 그리고 도산 아카데미, 후진국 경제연구회, 농법연구회가 그 가문들이다. 김영환은 이런 명문가 출신이 아니다. 그는 고

전연구회라는 서클에서 학습을 시작했는데 이 연구회는 학생 운동 내부에서 발언권이 없는 것은 물론이고 심지어 공안 당국에조차 관심을 끌지 못하는 존재였다. 조직이 그 모양이니 조직원이 찬밥신세인 건 당연했다. 정권의 유화조치에 따라 운동인력이 급증하자 운동 내부에서 제대로 된 일자리를 구하지 못한 김영환은 변두리로 밀려나 구로동 성당에서 야학을 하는 처지가 된다. 그러나 김영환은 지적 호기심이 풍부했고 그 호기심을 충족시킬 수 있을 만큼의 복 받은 지적 유전자를 가지고 있었다(학력고사 전국 27등). 그는 아무도 관심을 가지지 않을 때 북한에 대해 흥미를 느꼈다. 먼 나라인 소련이나 중공의 혁명 역사는 달달 외우면서 왜 얼마 떨어져 있지도 않은 사회주의 동족의 나라에는 관심을 가지지 않는 것일까. 주체사상을 연구할 수 있는 자료는 여기저기 띄엄띄엄 흩어져 있었다. 김영환은 북한 관련 신문 기사의 행간을 읽고 논문 등에 인용된 북한에 대한 자료 등을 조각조각 이어가며 독학으로 주체사상을 깨우쳤다. 특히 극동문제연구소에서 펴낸 '원전공산주의대계'는 2,102쪽에 달하는 방대한 자료집인데 혁명운동을 하는 사람에게는 바이블 이상의 존재였다. 이 책 역시 김영환의 학습에 큰 도움을 주었을 것으로 추정된다. 그렇게 해서 발표한 첫 작품이 1985년 10월에 배포한 '반제민중민주화운동의 횃불을 들고 민족해방의 기수로 부활하자(이하 해방서시)'라는 긴 제명의 문건이었다. "미 제국주의에 대한 적개심으로 혈관이 꿈틀거리지 않는 사람은 이 글을 읽기 전에 반성부터 할 필요가 있다"며 시작부터 독자의 기를 죽이는 이 문건은 "이 글을 읽고 나서 아직도 미 제국주의에 대한 적개심을 가지지 못하는 사람은 이 글을 이해했다고 말할 자격도 이 글을 비판할 자격도 없다"는 확인 사살로 끝난다. 당연히 내용은 미 제국주의에 의해 골병든 불쌍한 한반도의 50년 역사다. 이 문건 하나로 김영환은 단번에 서울대 운동권의 총아로 떠오른다. 김영환 이전에 이토록 처절하게 반미를 부르짖은 사례는 없었다. 팬(?)들의 열화와 같은 성원에 힘입어 12월에는 두 번째 문건 '민주주의 혁명'을 발표한다. 반응은 더 뜨거웠다. 이 문건은 미국만 몰아내면 북한, 중국, 소련 등 사회주의권의 지원으로 남한이 인민민주주의 사회를 건설할 수 있다고 전망한다. 만병통치약이나 다름없었다. 복잡한 원전 학습도 한국사회에 대한 분석도 필요 없어졌다. 그냥 죽어라 미국과 싸우기만 하면 된다. 민족해방 즉 NL(National Liberation)은 이렇게 등장했고 기존의 양대 운동 축을 허물고 순식간에 서울대 운동권의 대세를 장악한다. 고전연구회는 이 논리 확장의 창구였다. 소속을 밝힐 때마다 무슨 서클이라구요? 따위의 반응으로 수모에 밥을 말아먹던 비주류가 며칠 사이에 운동의 핵심으로 올라 선 것이다. 세를 몰아 김영환은 구국학생연맹(구학련)을 결성한다. 결성 취지문에 흥미로운 표현이 등장한다. '구학련 조직원은 미제와 그 괴뢰정권에 대한 불타는 적개심과…' 북한을 지칭할 때 쓰이던 괴뢰라는 표현이 한국 정부에 대해 사용된 것이다. 아마 참석자들은 짜릿한 일탈감을 느꼈을 것이다. 김영환은 기존의 운동 시스템을 다 갈아엎었다. 특히 목표로 한 것이 영도권 싸움, 엘리트주의, 종파주의, 교조주의였다. 이들은 학번제를 철폐하고 선후배 간에 동지라 불렀으며 모든 조직원의 권리를 동등하게 인정했다. 2, 3, 4학년이 한 자리에 모여 토론하는 진풍경이 펼쳐졌다. 궁금증이 생긴다. 조직 보위는 어쩌려고 이랬을까. 2학년이 느끼는 보안 의식과 4학년의 갈고 닦은 보안 의식은 하늘과 땅 차이 일 텐데.

·

86년 들어 김영환은 강철이라는 필명으로 그 유명한 강철 서신 5편을 연달아 발표한다. NL이 전략 전술이라면 강철 서신은 '운동에 임하는 우리의 자세' 쯤 될 것이다. 바로 품성론이고 주체사상을 본격적으로 소개하기 시작한다. 강철 서신을 보면 노동해방운동의 힘찬 전진을 위해 당장 해야 하는 일로 현장에서 공장 핵의 선정을 제시하며 이때의 선발 기준으로 품성을 든다. 품성은 솔직, 소박, 겸손, 성실, 용감한 품성의 하위 평가 기준으로 세분된다. 이 명제들은 학생운동에도 그대로 적용된다. 한마디로 좋은 사람이 되자, 는 얘기다. 후배를 앉혀놓고 일장연설을 하는 풍토가 사라졌다. 대신 후배의 철없는 고민과 단세포적인 질문을 한 시간 내내 친절하게 들어주는 선배가 등장했다. 운동에 막 입문했거나 조금씩 경로를 밟기 시작한 초보들에게 이런 매력적인 운동 시스템은 없었다. 주체사상이 힘을 얻기 위해서는 그 사상이 지배하는 곳이 낙원이 되어야 했다. 북한에 대한 찬양이 이어졌다. 북한에서는 사람들이 특히 노동자들이 매우 풍족하게 살고 있으며 단순 작업을 반복하는 것이 아니라 자신의 창의력을 충분히 발휘하며 생산 활동을 하는데다 농민들은 기계를 사용하여 편하게 농사짓고 병원과 도서관이 없는 마을이 거의 없을 정도로 복지 시설이 발달했다는, 북한이 들어도 민망할 수준의 선전이 태연히 진행되었다. 이 선전의 마지막은 이렇게 마무리된다. "많은 사람들 중에 북한의 실상에 대해 구체적으로 알고 있는 사람은 몇 명되지 않으니 참 한심한 노릇이다."

운동의 목표는 미제의 축출, 그 실천방식은 주체사상, 이렇게 하여 주사 NL은 완성된다. 대세이긴 했지만 앙시앙레짐이었던 마르크스레닌주의 진영이라고 손 놓고 보기만 한 것은 아니다. 흔히 인민민주주의 혁명을 꿈꿨던 속칭 PD는 그러나 참 정세 읽는 법에 서툴렀다. 모든 운동의 앞에 반미를 놓아 통일성을 주고 항상 대중들이 받아들일 수 있는 선에서 대중 운동을 펼친 주사 NL과 달리 PD는 소련 혁명 당시에 등장했던 '제헌의회소집'을 슬로건으로 채택했다. 참 멀게 느껴지는 구호다. 운동도 사람이 하는 거다. 이론 투쟁에서는 밀렸지만 PD는 그때까지만 해도 주류 운동 시스템의 '자리'를 차지하고 있었다. 당시 학생운동의 조직은 중앙위원회 산하에 조직국, 선전·선동국, 투쟁국, 연대 사업국을 두고 있었다. NL은 이 조직을 하나씩 야금야금 먹어 들어갔다. 조직국, 선전·선동국, 투쟁국이 차례로 넘어갔다. 3국을 장악한 NL은 기존의 멤버들을 유임, 축출, 재교육 대상으로 분류하고 조직 개편에 들어갔다. 문제는 하나 남은 연대 사업국이었다. 연대 사업국은 대학 간 연대 사업(그러니까 각종 시위 등을 말한다)을 추진하던 곳으로 4국 중 가장 중요하며 비밀스럽고 접근이 용이하지 않았다. 핵심 인력이 누군지를 알아야 까내던지 말던지 할 텐데 그야말로 안개 속이었던 것이다. 이 사이를 틈타 연대 사업국은 조직 자체를 통째로 성균관대와 합쳐 버렸다. 80년대 중반 이후 성균관대가 PD의 아성이 된 것은 이 때문이다. 조직이 넘어간 게 문제가 아니었다. 정말 중요한 건 서울대와 각 대학 운동권을 잇는 '선'이 다 끊어져 버린 것이다. 각 대학 운동권의 핵심과 일일이 만나 평가, 교류해가며 오랜 시간 다진 연대선을 복구하기 위해서는 극단의 방법이 필요했다.

1986년 10월 28일, 건국대에 '수상한' 학생들이 모여 들기 시작했다. 내부에 익숙치 않은 듯 메모를 꺼내 위치를 확인하던 이들은 전국에서 모인 29개 대학의 학생들로 '전국 반외세 반독재 애국학생투쟁연합(애학투)'을 발족시킬 계획이었다. 민주광장에 2,000여명이 모인 가운데 발족식이 시작됐고 잠시 후 경찰의 진압 작전이 개시되었다. 각 단과대로 쫓겨 들어간 학생들은 사흘 동안 경찰과 대치한 끝에 나흘째인 10월 31일 1,525명 전원이 연행되고 1,290명이 구속처리 된다. 이 사건으로 정권은 학생운동을 용공으로 몰아붙이는 재미를 보았고 운동권내에서도 좌익 맹

동주의라는 비판이 나왔다. 그런데 재미있는 사실이 몇 가지 있다. 북한 발 방송인 한민전의 구국의 소리 방송에서는 이 투쟁에 대해 제대로 된 비판을 한 적이 한 번도 없다. 오히려 이를 주사(주체사상) 보급 투쟁, 주사보급투쟁의 혁혁한 횃불이라고 높이 평가하며 그 의미를 부여하고 있다. 대체 무슨 말일까. 이런 추측이 가능하다. 애학투 사건은 애초부터 투쟁연합의 발족보다는 이를 통해 끊어졌던 각 대학과의 연계선을 회복하고 각 학교 운동 인자들을 포섭하여 NL 세력을 전국으로 확장시키기 위한 작업이었다. 이를 위해 특별히 선발된 50~100명 사이의 교육조가 투입되었고 이들은 감옥 안에서 주체사상 일부를 전파하며 연결고리를 만들었다는 이야기다. 애학투 사건 관련 인사들이 인터넷 카페 등에 남긴 기록을 보면 '학생 운동 세력들을 일거에 탄압하고자 했던 의도였지만 권력의 의지는 반 밖에는 성공하지 못했다' 며 '구속된 학생 운동권이 오히려 자유로운 토론의 장 속에서 자신들의 신념을 한층 더 발전시킬 수 있었던 것을 생각하지 못한 공권력의 '자충수'를 비웃고 있다. '짧게는 한 달, 길게는 두세 달에 이르는 시간 속에서 학생운동의 주도자들은 새로운 신념으로 자신을 무장한 채 출소 할 수 있었다'라는 문장에 이르면 새로운 신념이라는 게 주사가 아니었을까 짐작하게 된다. 실제로 이들은 학내 운동을 주도할 학년이 되면서 대부분의 총학생회를 장악했고 이는 전대협의 결성으로 이어진다. 사실이라면 참 대담한 기획력이다. 과연 학생들이 입안한 것일까 하는 의문은 남지만.

검거된 김영환은 2년 1개월을 복역하고 1988년 2월 출감한다. 나와 보니 82학번 동기이자 고전연구회 동지였던 하영옥이 주체사상을 지도이념으로 하는 반제청년동맹 준비위원회를 만든 상태였다. 반제청년동맹은 서울대와 외대 출신이 많았다. 하영옥은 영남과 경기도·서울 지역을 담당했다. 이 지역 조직원의 명부에는 낯익은 이석기라는 이름도 보인다. 이들은 4월 15일 김일성 생일에 맞춰 찬양 유인물을 살포한다. 김영환은 대중성을 내세워 반대했지만 그러나 유인물은 뿌려졌고 김영환은 변화를 눈치챈다. 자신은 연북(連北)이나 친북(親北)이었는데 어느샌가 종북(從北)으로 바뀐 것이다. 하영옥은 자신의 통제 밖에 있었다. 그 뒤의 이야기는 많이 알려져 있어 생략한다. 김영환은 월북해 김일성을 만났고 하나도 주체스럽지 않은 주체의 나라에서 실망만 얻고 돌아왔으며 기어이 자신이 만든 민혁당을 해체한 끝에 공개적으로 전향한다. 이렇게 김영환과 그의 시대는 가고 네오-주사 NL의 시대가 열린다. 김영환이 아니었더라도 주체사상은 북풍에 실려 남쪽으로 내려왔을 것이다. 매력적이고 선동의 극치를 달리는 김영환 스타일은 아니었겠지만. 도구로 이념을 선택한 사람은 목적이 바뀌면 그것을 자연스럽게 내려놓는다. 그러나 이념을 이념으로 받아들인 사람은 결코 그것을 포기하지 않는다. 그리고 우리는 그 이상하고 비역사적이며 몰이성적인 상황을 눈앞에서 목격하고 있다. 아참, NL의 정식 명칭은 NLPDR(National Liberation People's Democracy Revolution)이고 말 그대로 '민족해방 민중민주주의혁명'이다. 북한이 70년대에 남한에서 실천할 혁명 운동으로 규정해 놓은 '민족해방 인민민주주의혁명'과 뭐가 다른지는 잘 모르겠다.

이렇게 정착된 친북 선전, 선동은 각 학교별로 다양하게 전개된다. 건국대 총학생회가 펴낸 '신입생을 위한 작은 책, 새로운 시작'을 보자. 통일 염원 45년(1989년)으로 되어있다. 북한에 대한 새로운 이해라는 큰 제목으로 시작한다. 일단 눈에 띄는 문장을 일부 발췌해보자.

'북한하면 우리는 먼저 "때려잡자 김일성, 무찌르자, 북괴군, 쳐부수자, 공산당" 그러한 말을 생각한다.', '하지만 한번 생각해보자. 북한 사람들을 다 때려잡으면 우리는 누구하고 통일을 해야 하는가. 미국 사람과 하나? 아니면 소련 사람과 하나? 아니다. 우리와 통일을 해야 할 사람들은 다름 아닌 북한 사람들이다.'

글의 목적은 어려서부터 받아온 반공 이데올로기를 머릿속에서 청소하는 것이다. 그래서 매우 감성적이고 조심스럽게 접근한다.

'남과 북이 40년 이상 갈라져 있었기에 우리와 다른 것은 사실이다. 하지만 다르다고 해서 나쁘다고 말할 수는 없다. 중요한 것은 북한도 사

람 사는 곳이라는 것을 인식하는 거다.'

북한을 소개하는 데 있어 가장 큰 걸림돌은 역시 김일성의 존재다. 그래서 이렇게 푼다.

'우리가 그동안 배워온 바에 의하면 지금, 북한의 김일성은 소련이 세운 꼭두각시이며 정권을 잡을 때 자신의 반대파를 숙청하고… 이렇게 배워왔는데.'

그러니까 아니라는 얘기를 하고 싶은 것이다. 이럴 때는 권위를 빌려오는 것이 최고다. 김준엽, 이정식, 서대숙, 스칼라피노 등 반공적인 입장에서 한국 공산주의 운동사를 연구한 학자들의 견해를 종합해 봐도 현재의 김일성은 1930~41년 만주의 조선 항일유격대를 이끌었던 바로 그 인물이라는 결론이 나온다며 '평화신문' 27호에 실린 한홍구의 글을 인용한다. 한홍구는 아시다시피 대표적인 반(反)대한민국 사학자다. 서중석보다는 덜하지만.

"만일 김일성이 철저하게 조작된 인물이라면 김책, 최현, 안길, 박금철 등 일본이나 중국의 문헌에 자주 등장하는 항일 유격대 지도자들이 어떻게 가짜 김일성 밑에서 엄청난 비밀을 간직한 채 함께 일할 수 있었으며 그 사실이 북한의 내부 정치 투쟁 과정 속에서 폭로되지 않을 수 있었느냐는 거다. 따라서 문제는 김일성의 진위여부보다 그의 활동에 어떠한 의미를 부여하고 어떻게 평가하느냐는 것이다."

마지막 문장은 무슨 뜻인지 잘 모르겠다. 아무튼 좀 새롭게 보자, 뭐 이런 의미로 읽힌다. 이 대목에서 슬쩍 남쪽 지도자에 대한 비판이 등장한다.

'혹시 오까모도 소좌에 대해 들어 본 적이 있는가. 그는 만주군관학교, 일본 육사를 우수한 성적으로 졸업해서 일본 육사 교장이 "모든 조선의 젊은이는 오까모도 소좌를 본받아라" 하고 한 인물이다. 그 사람은 1961년 5·16쿠데타를 일으켜 남한의 집권자로 등장한 박정희다.'

김일성에 대한 재인식과 함께 박정희에 대한, '이 사실을 아십니까?' 가 함께 등장한다. 이 문건에서는 구체적으로 다루어지지 않지만 향후 등장하는, 반미→친북→반(反)대한민국으로 이어지는 논리다. 북한에서는 친일파 숙청이 제대로 이루어지고 남한에서는 전혀 그렇지 않았다는 사실을 보여주고 싶은 것이다. 과연 그럴까. 다음은 해방 이후 김일성 내각의 명단이다.

김영주 – 북한 부주석, 북한 내 당시 서열 2위, 김일성 동생
(일제 헌병 보조원)
장헌근 – 북한 임시 인민위원회 사법부장, 당시 서열 10위
(일제 중추원 참의)

강양욱 – 북한 인민위원회 상임위원장, 당시 서열 11위

(일제하 도의원)

이승엽 – 남조선 로동당 서열 2위

(일제 식량수탈기관인 '식량영단' 이사)

정국은 – 북한 문화선전성 부부상

(아사히 서울지국 기자, 친일밀정, 일본간첩출신)

김정제 – 북한 보위성 부상

(일제하 양주 군수)

조일명 – 북한 문화선전성 부상

(친일단체 '대화숙' 출신, 학도병 지원유세 주도)

홍명희 – 북한 부수상

(일제 임전대책협의회 가입 활동)

이 활 – 북한 인민군 초대 공군사령관

(일제 일본군 나고야 항공학교 정예 출신)

허민국 – 북한 인민군 9사단장

(일제 일본군 나고야 항공학교 정예 출신)

강치우 – 북한 인민군 기술 부사단장

(일제 일본군 나고야 항공학교 정예 출신)

최승희 – 북한 최고인민회의 대의원

(일제하 친일단체 예술인 총연맹 회원)

김달삼 – 조선로동당 4.3사건 주동자

(일제 소위)

박팔양 – 북한 노동신문 편집부장

(친일기관지 만선일보 편집부장, 문화부장)

한낙규 – 북한 김일성대 교수

(일제하 검찰총장)

정준택 – 북한 행정10국 산업국장

(일제하 광산지배인 출신, 일본군 복무)

한희진 – 북한 임시인민위원회 교통국장

(일제 함흥철도 국장)

비난하려고 쓴 게 아니다. 이게 식민지의 현실이다. 하다못해 동사무소 등본도 발급해 본 적 있는 인간이 하는 법이다. 행정 공백을 메우려면 당장 방법이 없는 것을 가지고 친일논쟁을 벌이는 것은 소모적이다. 참고로 이승만 정부의 내각 구성은 다음과 같다.

부통령 이시영 – 상해임시정부 재무총장

국회의장 신익희 – 임시정부의 내무총장

대법원장 김병로 – 항일변호사

국무총리 이범석 – 광복군 참모장

외무장관 장택상 – 청구구락부 사건으로 투옥

내무장관 윤치영 – 흥업구락부 사건으로 투옥

재무장관 김도연 – 2·8독립선언을 주도하여 투옥

법부장관 이인 – 항일 변호사
농림장관 조봉암 – 공산주의 독립 운동가
상공장관 임영신 – 독립 운동가, 교육자
사회장관 전진한 – 노동운동가
교통장관 민희식 – 교통전문가
체신장관 윤석구 – 교육 사회운동가
무임소 장관 이청천 – 광복군 총사령관
무임소 장관 이윤영 – 북한에서 항일 기독교 목사로 일했고 조만식 선생의 제자
국회부의장 김동원 – 수양동우회 사건으로 투옥
국회부의장 김약수 – 사회주의 독립운동가

칭찬하려고 쓴 게 아니다. 이 분들 역시 친일 혐의로부터 완벽하게 자유롭지 않다. 가끔 이런 생각한다. 친일 청산이란 건 혹시 개념으로만 가능한 일이 아닐까. 제대로 친일 청산을 하려면 아예 그 시기 역사를 우리 역사에서 지워버리는 수밖에 없을 것이다. 일제 치하에서 관직에 있던 사람이면 실은 다 친일파다. 학교에 있던 사람도 다 친일파다. 당시 현실에 적응하며 살았던 사람은 다 친일파다. 일제 치하 전 조선 민중이 안중근이나 윤봉길이 아닌 이상 친일의 혐의는 다 가지고 있다. 김성수(동아일보 사장), 방응모(조선일보 사장)는 때로는 일본에 협조하면서 때로는 민족의식 고취에 앞장섰다. 이들은 친일파일까? 힘이 없어 나라가 망해

놓고 그 모든 책임을 구성원들에게 돌리는 것이 과연 가능하고 타당할까. 이승만 정부 시절 '반민족 행위자 처벌 특별 위원회'를 구성했다. 얼마 지나지 않아 위원회를 해체하고 오히려 위원들을 잡아 가뒀다. 이승만은 국내 친일파를 기반으로 정치를 한 인물이 아니다. 왜 그랬는지 짐작만 할 뿐이다. 등쌀에 견딜 수 없었을 것이다. 국내 정치는 풀어야겠고 지지세력은 미약하고. 신생 대한민국을 위협하는 좌익 세력과의 싸움이 더 급하기도 하고. 이 부분이 논의의 중심이 아니므로 개인적인 의견은 다음으로 미룬다. 다만 친일 청산이 현실적으로 어려웠던 것과 알려진 바 혹은 선전하는 것처럼 북한도 친일청산에는 그다지 신통치 않았다는 사실만 명확히 하자.

이어 반공 교육 격파 2단계가 등장한다. 이런 질문을 던진다.

북한이 사회주의 사회를 이룩해서 상당한 정도로 평등을 이루었다고는 하지만 주민의 대부분은 강냉이죽으로 끼니를 이을 정도로 생활이 어렵지 않은가. 이런 것은 아무리 평등하다고 해도 빈곤의 평등, 하향평준화가 아닌가.

일단은 스스로 질문한 것에 수긍하고 들어간다. 북한에서 양복 한 벌을 사려면 일 년치 봉급을 다 털어 넣어야 한다느니 컬러 TV를 한 대 사려면 2년치 봉급을 주어야 한다는 것 등을 엄연한 사실이라고 인정한다. 그리고 설명을 붙인다.

그러나 여기에는 중요한 전제가 존재하고 있다. 그러니까 배급으로 나오는 것 말고 자유 시장에서 개인적인 소비를 위해 구입할 때 이렇다는 것이다.

이래놓고 슬슬 반론 들어간다. 프레임 바꿔 보기, 혹은 벽 깨기 작업이다.

그렇다고 해서 북한이 양복도 못해 입고 살 정도이냐 하면 전혀 그렇지가 않다. 사람이 살아가는 데 있어서 기본적으로 해결해야 하는 것이 의식주의 문제인데 북한의 주거 문화를 한번 살펴보자. 북한 사람들은 15~20평 정도의 아파트에서 거주하고 있는 경우가 많은데 이 아파트의 월세를 얼마 내는지 알고 있는가? 우리나라로 치면 맥주 2병 값이다. 한 달 월세가 북한 화폐로 2원(남한의 화폐 가치로 2,800원~ 3,000원 정도)만 지불하면 15~20평 정도의 아파트에서 살 수 있다는 것이다. 칼라 TV를 개인적인 소비를 위해 별도로 구입하려면 북한 화폐로 몇 백 원을 지불해야 하지만 또 한편으로는 주택문제를 해결하기 위해서는 불과 2원이라는 적은 액수만 지불하면 된다는 것이다.

이래놓고 화제를 살짝 남한으로 돌린다.

남한의 주택 사정은 어떠한가? 과연 자기 집에서 살고 있는 사람이 얼마나 될까. 많이 벌면 많이 버는 대로, 적게 벌면 버는 대로 사람들은 주택 문제를 해결하기 위해서 자신의 수입에서 많은 부분을 지출하고 있다. 통일이 된다고 생각해보자. 통일은 남북의 거주이전의 자유, 왕래의 자유를 보장하는 상황인데 남한에서 자기 수입의 몇 십 퍼센트씩 주거문제 해결에 지출해야 하는 사람들이 자신의 주택문제 해결을 위해 어느 지역을 선택하겠는가.

급진전해서 통일 이후 상황까지 가정으로 끌어들인다. 여기서부터는 완전히 소설이지만 대미를 위해 끝까지 인용해 보자.

그렇게 된다면 남쪽의 노동력은 부족하게 될 것이다. 이를 막기 위해서 남쪽 지역에서는 정부 차원에서 기숙사나 값싼 임대주택을 짓지 않을 수 없게 될 거다. 그래서 남쪽의 주택 문제 역시 통일이 된다면 일정 정도 해결이 될 것이다. 쉽게 얘기하면 통일은 남쪽의 민중들에게 내 집 마련의 기회를 상당히 해 줄 것이고 이런 면에서 본다면 통일이라는 것이 그렇게 추상적인 이야기로만 들리지는 않을 것이다.

하하하, 그냥 웃고 말자. 아무리 대학생들의 논리지만 참 그것 참이다.

북한 대남 혁명 전략의 최고의 무기는 핵도 아니고 미사일도 아닌 '민족'이다. 이것을 구호로 바꾼 것이 '민족끼리'인데 그야말로 무소불위의 슬로건이다. 이 '민족끼리'는 남쪽에서 수십 년간 불러온 '우리의 소원은 통일' 노래와 맞물려 정서적 화학 반응을 일으키며 이성을 마비시키고 판단능력을 잃게 만든다. 민족, 통일 둘 다 참 아름다운 말이다. 그러나 불순하게 사용되면 걷잡을 수 없는 흉기가 되고 만다. 아직도 한국사회에서 민족은 국가보다 더 높은 위치에 있다. 유사 이래 반만년 동안 하나의 민족이었다는 신화 덕분이다. 이 신화를 통렬하게 작살내신 분이 서울대 이영훈 교수다. 그는 '민족이란 단일 인종으로서 단일 언어를 쓰고 단일의 역사적 문화적 배경을 가지면서 스스로 공동의 운명 공동체라고 믿는 주민집단'이라는 우리 사회의 통념을 제시한 뒤 과연 한국인은 5천 년 전부터 하나의 민족으로서 하나의 공동체였을까 의문을 제기한다. 별로 까다롭고 복잡한 의문도 아니다. 이렇게 물어보자. 철저한 신분 사회로 양반, 상민, 노예의 구조로 된 조선시대에 그 구성원들은 아니 노비는 양반과 자기가 하나의 혈연으로서 운명공동체라는 의식을 나누어 가졌을까. 빼앗고 때리고 능멸하는데 우리는 공동체야 허허 웃었을까. 일본이 끌려간 도공들을 돌려보낸다고 했을 때 나이 든 몇몇은 귀국선에 올랐지만 젊은 층은 그대로 일본에 남아있기를 원했다. 더 이상 무슨 답이 필요할까.

조선은 말로만 봉건제 사회였고 실상은 노예사회나 다름없었다. 전체 인구의 30% 이상이 노비였으며 수도인 한양은 인구의 70% 이상이 노비나 천민이었다. 노비들은 매매되었고 평생을 주인을 위해 봉사해야 했다. 평민이나 중인 계급? 노비에 비해 약간의 자유는 있었다. 그러나 귀족이나 관리들에게 털리는 신세는 마찬가지였다. 양반이라고 불리는 귀족들은 무위도식하면서 하위 계급을 짜 먹었다. 20%의 거머리가 나머지 80%의 피를 빨아먹는 구조였다. 장성한 남자가 현역복무를 하지 않을 때 매년 베를 납부해야 했다. 군포다. 관원들은 갓난아이에게도 군포를 징수했고 심지어 아직 뱃속에 들어있는 아이에게도 의무를 떠 안겼다. 전라도 강진의 가난한 농부는 사내아이를 낳은 지 사흘 만에 군포를 징수하러 온 관원들에게 황소를 빼앗겼다. 농부는 해마다 군포를 감당할 수 없다는 생각 끝에 칼로 아들의 고추를 잘랐다. 공동체? 끌려가는 황소가 웃겠다.

80년대 대북 정서를 바꾼 방북기 열전

– 방문기만 읽으면 반하지 않을 수 없는 나라 조선민주주의인민공화국, 물론 인터넷 생기기 전 까지만

황석영의 북한 방문기인 '사람이 살고 있었네'는 남민전의 전사(戰士)이자 시인이었던 김남주의 86년 작품 '사상의 거처'에 실린 같은 제목의 시에서 따온 것이다. 방문기는 내용보다 제목으로 일단 먹고 들어간다. 사람이 살고 있었네. 뿔 달린 도깨비나 괴물이 아니라. 북한을 극도로 타자화해 온 남한 사회의 멘틀(멘탈이 아니다)을 흔드는 아주 선동적인 제목이었다. 80년대 중반부터 북한 바로 알기 캠페인이 벌어졌다. 선전을 더 효과적으로 진행하기 위해서는 보조 텍스트가 필요했다. 짜고 치는 느낌 주지 않기 위해 남한 사람이 아닌 해외 동포나 외국인의 시선에 비친 조선민주주의인민공화국의 실체를 보여주는 도서들이 대학가에 등장했다. 이른바 다각도 반공이데올로기 분쇄 작전이다. 그 첫 번째 책자가 1984년 고려연구소에서 출간된 '잃어버린 땅을 찾아서'이다. 목사, 학자 등이 방북하여 남긴 기록인데 그 중 하나인 홍동근 목사의 '미완의 귀향일기'에서 두 대목만 보자.

"이곳 구장군(郡)에는 칠색송어 양식장이 둘 있다. 이 첩첩 산속에 송어양식장이 있다는 말이다. 고향나라(북한을 지칭함)의 가장 존경받는 사람들은 노동자이며 그 중에서도 목숨을 내놓고 일하는 어부와 탄부와 용

광로부의 사람들이라고 한다. 이들이 국가의 최고봉급을 받는다. 전쟁 후 김 주석(김일성을 말함)이 탄부들의 건강과 산 속의 산업을 살피던 중 샘 속에 사는 특별한 물고기에 대해 들었다. 김 주석은 돌아가 전문가들에게 연구케 하여 샘물의 물고기로 칠색송어를 보내주었다. 오늘 구장의 양어장마다 8천만 마리를 키우며 매년 100톤의 칠색송어를 생산해 낸다고 한다. 이 첩첩 산속 탄촌에 억만 마리 송어가 뛰고 수백 톤 물고기를 생산하여 트럭으로 실어 도시와 지방에 수출한다는 말이 전설 같아 믿어지지 않았다."

"평양 학생소년 궁전에 갔다. 김 주석은 어린이를 왕으로 주장하여 탁아소와 소년 궁전을 특별히 배려한다는 것이다. 언덕 위에 자리 잡은 소년 궁전은 13층의, 문자 그대로 거대한 궁전이다. 교실이 무려 500여 개에 실험실, 연구실들이 200개가 넘는다. 또 1,000여 좌석을 가진 큰 극장과 체육관이 함께 있다. 1963년 건축되어 오늘의 작고 큰 도시에 같은 소년 궁전이 서 있다고 한다. 하루 1만 명이 소년 궁전에서 활동하고 특별히 토요일엔 3만 명의 학생들이 여기에서 연구하고 실습한다 했다. 300대의 버스가 학생들을 위해 시내를 매일 달린다. 지구 저쪽의 세계가 떠오른다. 십 대의 아이들이 마약을 피고 강도짓을 한다."

힘든 일을 하는 사람일수록 대접을 더 잘 받는 사회 그리고 그들을 위해 최고 지도자가 생선까지 개량해서 보내주는 사회 그러다보니 첩첩산골에 거대한 송어 양식장이 있어 전국으로 싱싱한 먹을거리를 수출하는 사회 게다가 어린이는 왕이어서 정말이지 궁전 같은 학습장에서 마음껏 자기 개발을 하는 사회… 세상에 이런 나라를 보고 반하지 않을 사람은 없다. 이 노동자의 나라, 자주적이고 주체적인 나라가 얼마나 당시 386을 매혹시켰을지 짐작하기는 어렵지 않다. 반공 교육에 질린 터라 아마 더 했을 것이다. 북한은 우리에게 그렇게 다가왔다. 같은 일행이었던 김동수 박사의 '이북의 현실과 통일과제'라는 글을 보자.

"거리에서 보는 이북 사람들의 겉모습은 흡사 60년대 이남 사람들 같이 보였다. 피부색은 일반적으로 검고 남자의 머리는 짧으며 젊은 여성들의 옷은 대개 원색의 한복 또는 양복 차림에 구식머리 스타일을 하고 있었다. 어디서나 사람들이 굶주리고 있다는 의심을 느낄만한 어떠한 증거도 찾아볼 수 없었고 우리가 본 모든 사람들은 씩씩하고 건강하게 보였다. 우리는 연회석 외에 식당, 가정, 야외에서 일반 사람들이 먹는 음식물을 몇 번이나 볼 수 있었다. 실은 그들의 식생활이 풍족하고 여유 있어 보였다. 그것은 그들의 메뉴나 양에서 뿐만 아니라 음식 취향이나 먹는 태도에서도 엿 볼 수 있었다. (중략) 평양과 군소 도시에 고층아파트가 수없이 건설되고 있었다. 여행 중 어느 탄광을 지나면서 많은 아파트가 더 증축되는 것을 보았다. 모두 광부들을 위한 주택이라고 했다."

살기가 어렵기는커녕 활기가 넘치고 사회적 정의가 실현되는 나라다. 386들이 위수김동(위대한 수령 김일성 동지)을 자랑스럽게 외친 것은 다 이런 류의 책들 때문이었다. 보고 싶은 것만 보려는 사람에게 보여주고 싶은 것만 보여주는 상황이 빚은 참극이라고 해야 하나. 감동이 과했나보다. 홍동근 목사는 북한 동요를 하나 소개하고 있다.

하늘은 푸르고 내 마음 즐겁다
손 풍금 소리 울려라
사람들 화목하게 사는
내 조국 한 없이 좋네

우리 아버진 김일성 원수님
우리 집은 당의 품
우리는 모두 다 친형제
세상에 부럼없어라

정말 그렇게 보인다. 정말이지 인터넷만 없었어도. 홍동근 목사의 글은 루이제 린저의 말을 인용하는 것으로 끝맺는다.

"독일의 카도릭 작가 루이제 린저 여사가 북한을 가르켜 '그 누구도 신과 그리스도에 대해 말하지 않지만 인간애와 자기 자신의 희생을 본질로 하여 그리스도교적으로 살고 있는 사람들'이라고 말한 것이 머리속에서 떠나지 않는다."

인간의, 인간에 대한 찬사 중 이만한 것을 보지 못하였다. 루이제 린저는 '생의 한가운데' 같은 감성적인 제목의 책으로 한국에서도 인기를 얻었던 작가다. 내친 김에 그녀의 북한 방문기 '또 하나의 조국(1988년/공동체 출판사)'으로 가보자.

"나는 조그마한 편견도 가져서는 '안 된다'. 그렇지 않으면 나는 구체적인 현실 앞에서 눈 뜬 봉사가 될 것이다. 자, 이제 마음을 비우자. 나는 이 땅에 대해 아는 바가 '전혀' 없다. 따라서 이 땅에서 실제로 어떤 일이 일어나고 있는지를 있는 그대로 보고, 듣고, 느끼리라. '잠시 후 평양 공항에 도착하겠습니다'라는 기내 방송이 들려온다. 날이 점점 밝아온다. 우리는 동터오는 환한 아침 속으로 들어간다."

이렇게 모질게 자기 암시를 해가면서 북한에 들어 간 루이제 린저는 그러나 얼마 지나지 않아 급속하게 허물어진다. 그 나라에 끌린다. 아니 압도당한다.

"내가 오늘 지하철을 탄 이곳, 오늘의 이 평양시는 오래 전부터 있어왔던 게 아니다. 30년 전에는 말 그대로 아무것도 없었다. 제2차 대전이 끝났을 때 남아있는 것이라고는 대지와 시체 뿐, 아무것도 남겨진 것이 없었다. 이처럼 처절하게 파괴되고 피폐한 땅에서 무엇을 할 수 있었을까. 도대체 누가 이런 곳에 하나의 국가를 세울 엄두를 낼 수 있었을까. 빨치산의 지도자이나 정치가로서는 아무런 수업도 받지 못한 그 젊은이가 무엇을 했던가? 그는 국가를 재건하기 시작했다. 그의 유격대원과 군대는 그의 지도하에 조선을 일제로부터 해방시켰다. 이 군인들, 전 북한인들은 해방자를 위해 고난의 길을 갔다. 모든 북한 사람들은 '우리는 바로 이것을 우리 스스로의 힘으로 해냈다' 라고 자랑스럽게 얘기 할 수 있다. 나는 비로소 존경심을 느끼게 되었다. 그리고 나 자신의 서구적인 시각과 모자이크나 지금 기능을 발휘하지 않는 샹들리에를 보고 침묵으로 일관한 나의 거만함에 대해 부끄러워졌다."

루이제 린저, 지도원 동무에게 배우지도 않았을 텐데 자연스럽게 '내재적 접근법'으로 터득하여 북한 사회를 말하고 있다. 이런 내용들이 책 전체를 덮고 있다. 아니다. 그녀의 눈꺼풀에 뭔가가 덮인 모양이다. 그리고 그 씌운 내용으로 386들은 북한을 이해하고 동경하기 시작했다. 북한 방문기 중 절정은 홍정자의 '내가 만난 북녘 사람들'이다. 1994년 출간되었는데 북한의 문화 예술인들과 만난 이야기를 담고 있다. 책장을 넘기다보면 처음에는 실소를 하지만 끝에 가서는 깊은 한숨이 나온다. 그녀는 낙원을 보고 왔다. 그녀의 머리속에서 완전히 재구성된.

3. 아비의 얼굴에 침을 뱉어라~ 반(反)대한민국

반(反)대한민국을 읽는 세 가지 포인트는 정당성, 독재, 독점이다. 태어나지 말았어야 할 나라이고 독재로 인민이 신음했으며 재벌이 민중을 수탈한 역사라는 얘기다. 태어나지 말았어야 할 나라 같은 건 없다. 태어난 나라가 빗나가는 경우는 있겠다. 가령 독일의 제3제국처럼. 탄생의 정통성보다 더 중요한 건 통치와 존속의 정당성이다. 통치와 존속의 다른 축은 자존감이다. 통치가 이루어지되 자존감이 있어야하고 자존만 강조하다 궁핍하면 그 또한 빛을 잃는다. 이승만을 보자. 문제적 인물에 대한 평가는 항상 공과 과가 칠 대 삼이다. 식상하다. 팔 대 이는 아부하는 것 같고 육 대 사는 어딘지 공이 좀 부족하게 들린다. 그래서 만들어진 궁색한 사고의 산물이 칠 대 삼이다. 차라리 오 대 오거나 구 대 일이 낫다. 이승만도 항상 칠 대 삼이다. 뭐가 칠이고 뭐가 삼인가. 아니 대체 삼의 구체적인 항목은 무엇인가. 반민특위 와해에 관한 것 빼고 이승만의 부실은 대체 뭔가. 아마 대기 힘들 것이다. 부정선거? 그건 이기붕의 선거였다. 부통령의 부실을 대신 떠맡아 자리에서 내려왔다. 차라리 미덕이다. 어차피 싫어하는 사람은 어떻게 설득해도 동의하지 않을 것이니 장점을 죽 열거해보자. 내정에는 병신, 인사에는 등신이라고 헐뜯는 사람들조차도 이승만의 외교에는 귀신 판정을 내린다. 미국이 아니었으면 나는 정치범 수용소에 있었을 것이라는 낯 뜨거운 발언과 비교되는 당당함이 있었다. 모든 것을 미국에 의존해야 하는 상황에서도 누구말대로 '하우스보이'처럼 행동하지 않았다. 한마디로 오기충만한 노인네였다. 대안이 있었더라면 미국은 열 번도 넘게 이승만을 죽였을 것이다. 미국서 본 건 있어서 쫄쫄 굶는 상황에서도 선거는 빼 먹지 않고 참 꼬박꼬박 했다. 민주주의를 할 체력은 없었지만 덕분에 민주주의는 항상 한국인들의 옆에 있었다. 일곱 살 아이에게 성인 양복을 입혀놓고 아이가 자라 옷에 몸을 맞추게 된 것이 한국 민주주의의 기원이자 역사다. 농지개혁은 사회불안 요소를 제거했고 중공업 정책이 등장할 기반을 만들었다. 필리핀처럼 거대한 농장주들이 살아남았다면 중공업으로 선회하려는 박정희의 안목은 발상으로만 그쳤을 수도 있겠다. 남미와 아시아의 주저앉은 나라들은 모두 이 부분을 부러워한다. 이 부분에서 박정희에게 조금 섭섭하다. 이승만은 박정희가 살렸어야 했다. 고

독하게 외국에서 죽게 만들지 말았어야 했다. 이승만의 자존은 박정희로 이이진다. 자주국방을 도모하고 핵무기 개발로 미국과 대립했다. 핵개발 포기의 대가로 미국에서 국군 현대화 계획에 대한 지원을 끌어냈다. 제국에 대항해서 이만큼 빳빳하면서 실속을 챙긴 신생 독립국의 이름을 다른 데서 찾을 수 있을까.

박정희는 독재를 했다. 박정희와 독재에 관해서는 연세대 김세중 교수의 논문만큼 명료한 것을 찾기 어렵다. 살펴보자. 독일의 마르크시스트 철학자 에른스트 블로흐는 이른바 '비동시성의 동시성'이라는 개념을 제시했다. 쉽게 말해 후발국에서 일반적으로 관찰되는 현상으로 급속하게 수입된 서구 이념이 지시하는 질서와 그 사회의 전통적인 질서가 병렬적으로 공존하는 현상이란다(어려운가?). 블로흐에 따르면 미래질서와 과거질서가 동일한 공간 안에 놓이게 되는데 즉 50년대 한국은 자유민주주의 헌법을 명시하면서도 실제로는 권위주의적인 문화와 권력 구조가 작동하는 상황이었다는 말씀이다. 박정희는 서구의 민주주의가 기계적으로 한국에 이식될 수 있다고 생각하지 않았다. 오히려 민주주의와 충돌하는 과정이 민주주의를 만들어 낼 수 있다고 믿었다. 그게 경제발전과 산업화다. 경제발전은 전통적 가치와 관습을 깨부수면서 자유주의적 중산층을 만들어낸다. 민주주의의 원칙을 일부 그리고 일시적으로 수정하는 것 그것이 독재라는 형태로 나타났다. 물론 일시적이어야 했는데 시기 조절에 실패한 감은 있다. 후진국 독재자의 난처한 점은 나아갈 때와 내려올 때의 시점을 정확히 알 수 없다는 것이다. 박정희는 한일회담을 강행했다. 한일회담의 본질은 한국경제가 세계 자본주의 경제권으로 편입되는 것이었다. 한미 FTA 반대의 열 배 쯤 되는 국민적 반발을 박정희는 계엄령, 위수령 같은 무시무시한 수단을 동원해 '진압'하고 통과시켰다. 유신 직후인 1973년에는 역시 전국민적인 정서적 반발과 전문가 흉내를 내는 경제 만담가들의 반대를 무릅쓰고 중화학 공업화를 선언했다. 당시에는 천문학적인 액수였던 96억불이 들어가는 모험이었다. 이 선언을 현실로 만들기 위해 노동자들과 농민들이 골병이 들었다. 전형적인 후발 농업국이었던 한국은 1979년 들어 중화학 부문이 55.1%를 차지하는 공업국가형 경제구조로 변한다. 이 모든 것은 독재라는 이름으로 가능했다. 박정희의 독재는 이 뿐만이 아니다. 이 부문만은 박정희의 반대자들도 고개를 끄덕이는 개발제한구역을 지정해서 무분별한 개발을 막았다. 산림녹화를 위해 '입산 금지'라는 팻말이 등장했다. 등산이라는 권리는 무시되었다. 박정희의 독재는 잔인했던가. 비슷한 시기 아르헨티나 국민들이 무단 체포당하고 영원히 사라진 것에 비하면 별로 그런 것 같지는 않다. 백성은 내 새끼라는 유교적 관념이 작동한 것인지도 모르겠다. 독점은 별로 언급할 필요를 느끼지 못한다. 죽어라 우리 현대사를 부정하는 박세길 같은 분도 경제에 관해서는 칭찬을 아끼지 않는다. 그가 쓴 책 '미래를 여는 한국인사'는 두 권으로 되어있다. 한 권은 정치·사회부문 다른 한 권은 경제부문인데 정치·사회부문을 읽고 경제를 읽게 되면 같은 사람이 쓴 책인가 의심이 가서 책장을 다시 살펴보게 된다. 남한만 그런 게 아니라 북한도 경제 개발에 몰입했다. 북한은 왜 실패하고 남한은 왜 성공했을까. 북한은 국가가 경제 주체가 되고 싶어 했다. 남한은 민간 기업을 키웠다. 이 민간 기업들이 이른 바 기업 집단(재벌)이 되가는 과정에서 그다지 민주주의적이지 않는 특혜와 지원이 이루어졌다. 독점과 특혜는 영원한가? 이제는 하나씩 내주고 있다. 이렇게 내주다가는 성장 동력을 잃게 될 것이라는 우려가 나올 만큼. 그 시기에는 그 시기에 부합하는 발전 형태가 있다. 경제라고 해서 '비동시성의 동시성'이 작동하지 않았을 리가 없다는 이야기다.

이렇게 386은 일부 왜곡, 일부 오인, 일부 무지로 반(反)대한민국 정서를 함양했다. 아직도 벗어나지 못했거나 않으려고 발버둥치는 게 문제다. 처칠은 20대에 리버럴이 아니면 가슴이 없는 거고 40대에 보수가 아니면 머리가 없는 거라고 했다. 리버럴은 가슴만 있으면 된다. 분노하면 되고 그저 뛰쳐나가기만 하면 된다. 그런데 40대에 보수가 되기 위해서는 '머리'가 필요하다. 공부가 뒷받침되어야 한다는 얘기다. 후기 386의 가장 큰 문제다. 공부는 더 하기 싫고 그래서 20대에 배운 것으로 어떻게든 때우다가 죽을 생각들인 모양이다. 안쓰럽다.

구국의 강철대오, 전대협

두리 출판사에서 나온 '불패의 신화, 전대협 이야기 6년사'는 승리와 헌신의 기록이다. 폄하할 생각 없다. 버려야 할 유산과 기억해야할 유산은 따로 있으니까. 이 책에도 이데올로기는 다 빠져있다. 그나마 살짝 등장하는 게 NL과 PD의 갈등인데 그나마도 '대의'라는 명분으로 포장했다. 책을 보면 모든 전략과 전술이 오로지 '민주주의' 하나였던 것처럼 보인다. 첫 번째 챕터는 6월 민주 항쟁과 전대협이 탄생한 87년의 이야기를 담고 있다. 전대협의 목소리로 전대협의 출범을 들어보자.

예비역 복학생들이 가장 먼저 시위에 참가한 곳은 서강대였다. 800여 명의 예비역들이 예비군복을 입고 교문을 돌파하고 신촌로터리까지 진출했다. '전우의 시체를 넘고 넘어 앞으로 앞으로' 군가를 부르면서 전투경찰과 맞붙었으니 참 볼만한 광경이었을 것이다. 예비역 시위는 서강대 이후 전국으로 확대되는데 공수부대, 해병대 출신이 선봉에 서고 그 뒤로는 육군 출신 가장 후미에 방위병 출신이 섰다. 이 대열 편성은 이후 복학생 시위의 전범이 된다. 6월 민주 항쟁이 끝나고 학생운동의 전국 조직을 결성해야 한다는 목소리가 높아진 끝에 등장한 것이 전대협이다. 7월 8일 연세대에 전국 각 지역 학생 대표자들이 한 자리에 모였다. 출범식은 8월 18일로 정했다. 8·15 광복절을

매개로 조국통일의 염원을 담자는 취지였다. 단체 이름을 놓고 격론이 벌어졌다. 전학련으로 하자는 의견, 전학련 건준의로 하자는 의견, 전대협으로 하자는 의견으로 갈라졌고 최종 결정된 것이 '전국대학생대표자협의회'였다. 출범식은 충남대에서 이루어졌다. 8월 18일 전대협 전체 총회가 열리기 직전 성균관대에서 가입 신청을 해온다. 제헌의회(PD)의 아성인 성균관대의 가입신청은 해묵은 노선투쟁의 재발을 의미하는 것이었지만 다음 해인 88년 서총련(NL)과 서건추(PD)의 통합으로 막을 내리게 된다.

87년, 전대협 1기는 허술했다. 사무실도 없었고 연락체계도 허술했다. 집행부가 없으니 때마다 각 학교에서 인원을 차출했다. 물론 연대 사업의 핵심은 총학생회장이었다. 87년 학생운동의 특징은 메이저, 마이너 캠(캠퍼스, 즉 학교)의 개념이 깨진 것이다. 예전에는 학생운동을 주도하는 그러니까 자체 시위 입안 및 실행이 가능한 서울대, 연대, 고대, 성균관대의 입김이 주효하게 작용했고 나머지는 지시를 받거나 끌려다니는 식이었는데 사업을 진행하는 동안 학교 간 운동역량 격차가 줄어들고 가끔은 마이너로 분류되던 학교가 오히려 강력한 운동역량으로 전대협을 받치게 되었다. 대중 속으로, 대중과 함께 하는 운동은 이렇게 전국의 대학을 묶어나갔다.

전대협하며 떠오르는 '구국의 강철대오'는 언제 생겼을까. 3기인 89년이다. 당시 전대협은 전국연락사업을 담당했던 연락사무국을 없애고 실질적인 집행기구인 중앙위원회 산하 중앙집행국을 막 신설한 때였다. 그 중앙집행국 사무실 문에 8절지 크기로 처음 등장한 것이 '구국의 강철대오 전대협'이다. 당시 중앙정책위원회 위원장이었던 정은철(연세대 85학번)의 작품이다. 정은철은 88년 당시 학생들에게 다가갈 메시지로 '구국의 햇불'을 사용했다가 반응이 좋았던 것을 떠올려 이 슬로건을 지었다. 기백과 힘찬 느낌을 주기 위해 '산악'과 '강철'을 저울질해가며 고민했다. '강철'은 노동자들을 상징하는 단어여서 한때 산악 쪽으로 기울었다고 하는데 그랬으면 슬로건이 '구국의 산악 대오 전대협'이 될 뻔 했다.

책에는 재미있는 에피소드들이 많이 들어있다. 전대협 총회에 참석하기 위해 머리 깍고 스님으로 위장한 이야기, 역을 지나치는 기차에서 뛰어내리다가 사망한 이야기 그리고 기상천외한 방식으로 '도바리(도망의 은어)' 행각을 펼친 역대 의장들의 이야기들이 들어있다. 그것도 유산이다. 언젠가는 그 이야기들을 영화와 드라마에서 만날 수 있을 것이다. 밝고 명랑했으면 좋겠다. 김성훈 감독의 영화 '네모난 원'은 그 점에서 흥미 있는 영상 텍스트로 읽힌다. 일단의 친구들이 북한에 가고 전향하고 생활인이 되고 그러면서 대체 이데올로기는 무엇이었을까 우리는 무엇을 하려고 했을까 등을 자문한다.

전대협 2기부터의 자세한 활동은 생략한다. 이제 전대협의 속살을 보자. 아래는 전대협이 1988년 8월 1일~2일 고대에서 개최한 전체 총회의 보고서 내용이다. 전대협은 현 시기를 미제와 그 주구인 노태우 일당의 식민지 체제의 안정적인 재편을 위한 개량 공세기로 보고

–대외적으로는 미제가 식민지 예속화 정책의 관철을 위해 재편된 대리 정권을 공고화하고 올림픽을 계기로 분단 고착화를 획책하고 있으며

–국내적으로는 현 정권이 군사독재의 합법적 재집권 속에서 민주화합이라는 유화적, 기만적 술수로 민주 세력의 분열을 조장하고

–올림픽 단독개최와 대(對)동구권 외교 강화를 통해 교차승인을 얻어내어 유엔 동시 가입을 통해 분단을 고착화하고자 획책하는 등 올림픽 이후 치러질 재신임 문제와 관련 민중의 투쟁을 무마하기 위한 사전 정리작업 시기로 규정하고 있음.

이라고 진단한다. 그 외에도 각종 황당한 보고서와 끔찍한 결의 등이 넘쳐나지만 역시 생략한다. 버리고 가야 할 유산의 목록을 늘어놓기에는 지면이 아깝다. 참고로 아래는 그 당시 주

사 NL의 이원화된 조직도다.

연도	86.3	86.12~ 87.10	88.1	89
지하조직	구학련	전사투위 (전국사상투쟁위원회)	반미청년회	자민통, 반제청년동맹, 자주그룹, 조통그룹
연도	86.4	86.10	87.5~	
공개조직	자민투	애학투	서대협, 서총련, 전대협	

임수경, 평양에 가다

전대협 3기에서 이루어진 임수경 방북은 실은 전대협 2기 미완의 프로젝트의 연장이다. 8·15 집회를 준비하면서 전대협 2기 지도부는 '돼지몰이 작전'을 구상한다. '돼지몰이'는 밀항, 밀수라는 은어로 실질적인 남북청년학생회담 성사를 위해 전대협 대표를 북한으로 파견하려 했던 작전명이었다. 그리고 전대협 3기에서 임수경은 평양에 간다.

89년 6월 30일 오후 1시 30분 평양 순안비행장 조선민항 JS-216편에서 임수경이 내린다. 도착성명 요지는 '7천만 겨레의 염원인 조국통일과 그리고 반외세 민주화와 한반도의 영원한 조국 통일을 위해서 싸운다면 반드시 조국 통일을 이룰 수 있을 것'이며 '남한의 정권은 반통일 세력이며 진정 통일을 원하는 자는 좌경용공세력으로 몰리고 있는 것이 남한의 현실'이라는 두 가지였다. 평양축전은 88서울올림픽을 보고 자존심이 상한 북한이 천문학적인 돈을 들여 벌인 청년학생축전으로 이때의 과다비용 지출로 인해 북한은 한동안 고생을 한다. 8월 15일 2시 20분 경 임수경은 문규현 신부와 함께 군사분계선을 통과 귀환한다.

임수경은 2012년 탈북자들에게 막말을 해서 구설수에 올랐다. 서강대 박홍 전 총장은 임수경에 대해 예쁘기는 한데 머리는 좀…이라고 한 방송 인터뷰에서 말했다. 임수경은 2014년 현재 대한민국 국회의원이다. 대부분 알려진 사실에다 독자들도 이 여성에 대해 별로 관심이 없을 것 같아 그냥 여기까지만 쓴다.

한 ex-communist와의 인터뷰

황성준. 서울대 정치학과 83학번. 자신의 책에 쓴 자전적 프로필에 의하면 전형적인 80년대 좌익 운동권 학생이다. 1986년에는 시위 도중 최루탄 부상으로 왼쪽 시력 상실, 1991년에는 사회주의를 동경한 끝에 소련에 입국했으나 그곳에서의 생활 경험과 소련 붕괴로 이념적 갈등을 겪었다. 한 일간지의 특파원으로 체첸, 아프가니스탄 등 분쟁 지역을 취재했고 탈북 벌목공 취재 중 '탈북자'라는 조어를 처음 만들었다. 이 과정에서 이념 전향을 했고 현재는 시사 정론지 '미래한국'의 편집위원으로 있으면서 대학에서 학생들을 가르치고 있다. 프로필에는 안 나와 있지만 재미있는 게 하나 더 있다. 소나기로 유명한 황순원 선생의 손자다. 그래서 필력이 좋은 걸까. 취재를 위해 전화 통화를 했을 때 "실명으로 갑니까?" 물었고 그렇다고 했더니 잠시 생각하다가 "좋다”고 말했다. 두 차례 만나 이야기를 들었다. 공손하게 묻고 답했지만 독자의 편한 독서를 위해 정리는 “했다” 체로 바꿨다.

*

남정욱 : 서울대 정치학과, 그야말로 한국 좌익 운동의 온상이다. 4·19 때부터 학과 출신 문제적 개인들이 끊임없이 나온다.

황성준 : 한국 지성의 절정이라고 하자. 똑똑한 사람들이 많이 다녔다.

남정욱 : 얼마 전 낸 책, ‘유령과의 역사 투쟁’을 보니 제목 앞에 한 ex-communist 의 책과 세상 읽기로 되어 있더라. ex가 된 이유가 뭔가.

황성준 : 1990년 12월에 모스크바를 처음 방문했다. 사람은 자기가 보고 싶은 것만 본다는 말은 진짜였다. 궁핍한 사회였지만 나는 이렇게 판단했다. 다소 경제적인 어려움이 있는 것은 사실이지만 노동자가 주인인 소련은 썩어빠진 자본주의 세상보다 백만 배는 더 훌륭하다. 한국에 있는 동지들에게도 그렇게 보고했다. 91년에도 갔는데 그때도 눈에 보이는 것을 열심히 부정하며 마르크스레닌주의의 틀에 맞추려고 결사적으로 노력했다.

남정욱 : 그때 ex가 되었나.

황성준 : 좀 더 시간이 걸렸다. 압도적인 부정적 팩트의 홍수 속에서 무너질 수밖에 없었지. 그때의 결론은 현실 사회주의는 실패

했지만 이념으로서 그리고 이론으로서의 과학적 사회주의는 정당하다, 였다.

남정욱 : 집요하다.

황성준 : 러시아어로 읽은 하이에크의 '치명적 자만'이 큰 도움이 됐다. 한국에서는 일본어로 마르크스주의를 접하고 공산주의자가 됐는데 마르크스의 나라 러시아에서 하이에크를 읽고 생각을 바꾸다니 인생 진짜 웃겨. 이론으로서의 사회주의는 두뇌 속에서 해체되고 있었지만 신앙으로서의 사회주의는 여전히 가슴 속에서 고동치고 있었다. 1994년 월간조선에서 취재 요청을 받았다. 시베리아 벌목장에 탈출한 북한인들이 많다는 정보인데 좀 더 자세히 파악해 달라는 주문이었다. 북한 사회에 대한 호기심도 일부 작동해서 취재를 시작했고 월간조선 동년 3월호에 '북한 탈출 벌목공들의 러시아 유랑 25시'라는 제목으로 기사가 실렸다. 난리가 났다.

남정욱 : 난리라니.

황성준 : 반응이 폭발적이었다. 관훈언론상도 받았고.

남정욱 : 결국 자랑…인가.

황성준 : 더 들어봐. 기사가 나가고 탈북자 문제가 이슈가 되자 대학선후배들로부터 전화가 빗발쳤다. 죄 욕하는 내용이었다. 너 같은 놈을 후배로 여겼다는 것이 부끄럽다는 모 대학 교수는 양반이었다. 어떤 변호사 후배는 변절자의 최후는 처절한 죽음뿐이라고 통보하더니 일방적으로 전화를 끊었다. 그 일로 대학 입학 후

형성된 모든 인간관계가 붕괴됐다. 외롭고 가끔은 두려웠다. 하긴 덕분에 사회주의에 대한 미련에서 벗어났으니 고마운 일이기도 하다.

남정욱 : PD들은 소련 해체 후 많이 돌아섰고 NL은 북한 고난의 행군 때 생각을 고쳐먹었다. 두 개를 다 겪었으니 2단계 혁명을 거친 셈이다.

황성준 : 당신 말이 더 웃겨.

남정욱 : NL하고 원래 사이가 안 좋지 않나?

황성준 : 그 쪽에서 나를 안 좋아했지. 학교 다닐 때 선전·선동국에서 일했다. 열심히 문건 만들고 밤 새워 인쇄하고 배송하고. 학교는 안 가고 을지로 인쇄 골목에서 살았다. 나중에는 아예 인쇄소를 차렸다. 본부에서 차도 내 주고 비서도 붙여주더라.

남정욱 : 학생이 차하고 비서?

황성준 : 말만 학생이지. 중앙위원회 밑으로 조직국, 선전, 선동국, 투쟁국, 연대사업국이 있는데 어느 날 주사파 NL이 중앙위를 장악했다. 연대사업국 빼고 세 조직을 차례로 접수했지. 부르더라.

남정욱 : 주사파 등장이니 86년이었나.

황성준 : 그렇지. 압구정동 모 카페로 오라고 했다. 약속 시간이 한 십분 지났나 누가 다가와서 말을 걸더라. 이강수 씨, 맞죠? 하며.

남정욱 : 이강수라니.

황성준 : 내 가명. 그 사람과 첫 대면이었다. 아니 정확히 이야기하자면 구면이다. 시위 때 종종 자주 봤으니까. 아마 인문대 83학번이었을 거다. 대뜸 이러더라. 강수 동지의 투쟁성에 대해서는 높게 평가하고 있다. 그러나 주사의 세례를 받지 못한 걸로 알고 있다. 재교육 대상으로 분류됐고 당분간 나와 1대1로 학습이 진행될 거다.

남정욱 : 뭔 소린가.

황성준 : 아마 중앙위를 접수하면서 인적 분류를 마친 것 같더라. 까낼 놈, 설득하고 회유할 놈 등등.

남정욱 : 가치가 있었다는 얘기네.

황성준 : 내가 이론이 좀 되잖아. 집안도 좋고.

남정욱 : 거기서도 집안 따지나. 황순원 선생?

황성준 : 그 집안 말고. 서울대에 지하 조직 패밀리가 있다. 보통 5대 명가라고 하는데 대학문화연구회, 사회과학연구회, 도산아카데미, 후진국경제연구회, 농법연구회가 그거다. 여기서 신입 뽑을 때 보통 까다로운 게 아니다. 내가 후경 출신이거든.

남정욱 : 선발된 엘리트라.

황성준 : 가령 이해찬, 유시민 같은 사람은 농법 출신이다. 뱅모 박성현은 도산아카데미. 80년대 학생 운동사를 논리 싸움으로만 보면 이해하기가 어렵다. 무학논쟁, 야비 전망 논쟁, MT 대 MC 논쟁 이거 다 나중에 이름 붙인 거고. 사람과 사람 사이의 관계를 봐야 한다는 얘기다.

남정욱 : 학생 운동사 얘긴 별로 안 궁금하다. 그래서 어떻게 대답했나.

황성준 : 주사의 세례라는 말에 당황하긴 했는데 금방 알아들었지. 주사는 주체사상의 약어고 그러니까 주사의 세례를 받지 못했다는 것은 주체사상 신봉자가 아니라는 뜻이다. 문건을 몇 개 주더라. '주체사상에 대하여', '주체사상에 대하여 해설' 그리고 '항일 무장 투쟁사'였다. 세례를 위한 교리문답 기본 교재라고 해야 하나.

남정욱 : 주체사상에 대하여는 김정일이 썼다고 하는?

황성준 : 그렇지. 그리고 청계천가서 단파 라디오를 사라고 하더니 청취 주파수랑 청취 시간을 알려줬다. 다음 약속시간과 장소, 제2선 및 제3선 약속도 정했다. 마지막으로 재접선 요령을 확인한 뒤 헤어졌다.

남정욱 : 제 2선, 제 3선은 또 뭔가.

황성준 : 첫 번째 약속이 어긋날 경우를 대비해서 2번째 3번째 약속을 미리 잡아 놓는 거다. 서로 가명을 사용하는데다 어디 사는 누구인지 모르기 때문에. 예를 들어 1차는 압구정동 A카페 10일 18시, 2차는 강남역 B커피숍 15일 19시, 3차는 신촌 17일 15시라고 정했다고 치자. 10일 18시에 나타나면 아무런 문제가 없다. 그리고 이 자리에서 1차, 2차, 3차를 다시 잡는다. 기존에 잡았던 2차, 3차는 당연히 무효다. 그런데 1차에 안 나타나면 2차에 나가고, 또 2차에도 안 나타나면 3차에 나가는 식이다. 문제는 3차에

도 모습을 드러내지 않는 경우다. 이때는 일단 사고로 간주하고 비상에 돌입한다. 사고란 공안당국에 검거됐거나 도주하고 있는 상황이다. 이렇게 비상사태에 돌입하게 되면 일단 주변을 정리하고 나 역시 도주했다가 재접선을 시도하게 돼 있다. 재접선 요령은 간첩 영화에 나오는 것과 유사하다. 특정 영화관 안의 특정 공중전화 부스에 놓여있는 전화번호부 책, 특정 페이지를 살펴보면 음어로 된 제1, 제2, 제3 약속이 지정돼 있는 식이다.

남정욱 : 문건을 봤을 때 어땠나.

황성준 : 글쎄, 별다른 지적 자극을 받지 못했다. 그동안 지하대학에서 학습한 마르크스레닌주의에 비해 조잡하다는 느낌? 정통 마르크스레닌주의자로 자처하고 있었던 내 입장에서는 영 아니었다. 마르크스레닌주의의 시대적 한계를 뛰어넘는 사상 어쩌구 하는데 뛰어 넘기는커녕 조잡한 변형에 불과하다는 느낌을 받았다. 그래도 주체사상 부분은 좀 낫다. 항일무장투쟁사는 정말 이해하기 어려웠다. 김일성이 이끄는 항일무장부대가 북한을 해방시켰다는데 이거야 원.

남정욱 : 밀어놓았겠네.

황성준 : 그런데 재미있는 게 머리가 주체사상을 거부 할수록 그것은 내 '쁘띠(소(小)부르주아를 의미하는 petit bourgeois의 약어)'적 속성 때문이라고 스스로를 자책하게 되더라. 마치 종교인이 종교교리에 대해 의구심이 생길 때 스스로의 신앙심 부족 탓으로 돌리면서 자학하는 것처럼. 우습게 들릴지 모르지만 오히려 하루 빨리

주사의 세례를 받아야 하겠다는 생각에 더 열심히 주체사상과 항일무장투쟁사 학습에 매진했다.

남정욱 : 헐.

황성준 : 그게, 직접 겪어보면 다르다니까. 방송 이야기를 하자면 그건 좀 놀랬다. 오프닝 멘트가 이렇다. '미 제국주의와 미제의 하수인 파쇼 괴뢰도당의 악랄한 탄압을 뚫고 한국민족민주전선의 구국의 목소리 방송은 오늘도 재개됩니다. 여기는 서울입니다' 듣기 불편한 북한 어투도 안 쓴다. 나긋나긋하다. 그게 놀랍다는 게 아니라 내용이 놀라웠다. 가령 오늘 학생 시위가 있었으면 바로 보도가 나온다. '오늘 오후 2시 서울대 민주학우 500여명이 아크로폴리스 광장에서 미제축출, 파쇼타도 등의 구호를 외치며 격렬한 시위를 벌였습니다. 이날 XXX투쟁위원회 위원장 000학우는 도서관 2층에서 미제용병 교육반대를 주장하는 유인물을 뿌리며 이날의 투쟁을 선도 했습니다' 같은 식인데 신속하고 정확했다. 다음날 조간신문이 나오기도 전에 이렇게 소식을 들을 수 있다는 게 놀라웠다. 숫자가 부풀려지기는 했지만 그거야 뭐. 아무튼 현장 취재가 이뤄지고 있다는 느낌이었다.

남정욱 : 두 번째 만남에서는 어땠나.

황성준 : 질문할 내용이 있습니까? 묻더라. 없습니다, 라고 대답했다. 이어 '위수김동(위대한 수령 김일성 동지의 약어)'과 '친지김동(친애하는 지도자 김정일 동지)'의 지도력을 인정합니까? 또 물었다. 그렇다고 기꺼이 대답했다.

남정욱 : 그 뒤 계속 교육을 받았나.

황성준 : 그랬으면 이 자리에 없을 수도 있었겠다. 다행히 86년 5월 시위를 하다가 부상을 당하는 바람에 병원에 있었다. 자연스럽게 선이 끊어졌다. 의식적으로 복구하려고 애쓰지도 않았다. 몸이 좀 나아져서 학교에 갔더니 후배 하나가 찾아왔다. 나보고 사회대 학생회장이 되라는 얘기였다. 거절했더니 눈빛이 변하더라. 제안이 아니라 지시인데 안타깝다며 통일의 광장에서 다시 만나자더라. 선배 같은 종파분자는 아오지감도 아니라는 사실을 기억하시기 바랍니다, 덧붙이면서.

남정욱 : 헐.

황성준 : 그 인간, 요새 변호사 한다고 들었다.

남정욱 : 시계를 돌려 입학 때, 그러니까 신입생 때 이야기를 해보자.

황성준 : 좋았지. 원하던 대학, 원하던 학과에 들어갔으니. 그런데 기다리고 있던 현실은 그렇지 않더라.

남정욱 : 똑똑해 보이는 신입들이 포섭당하는 얘기는 흔하다.

황성준 : 그게 아니라 학교 이야기다. 학과 수업이 마음에 들지 않았다. 공부도 많이 하고 싶었고 대한민국 최고 석학들인 교수님들에 대한 기대도 대단했다. 그런데 수업 몇 번 참석하고 나서 기대를 접었다. 경제학의 경우 내가 1학년 교양에서 배우고 싶었던 것은 경제란 무엇이며 경제가 사회현상에 어떤 영향을 미치는지 그리고 각종 경제현상에 대한 기초적 이해 등등 이었다. 그런

데 교수님은 그저 수요공급 곡선을 그리면서 이게 시험문제에 나올 거라고 강조하는 게 전부였다. 그나마 휴강과 결강 때문에 겨우 교과서 제2장도 못 마치고 끝났지만. 특정 교수를 비난하려는 것은 아니다. 이야기하고 싶은 건 당시 왕성한 호기심과 지식욕에 가득 차 있던 많은 신입생들을 소위 지하대학으로 내 몬 데에는 무성의한 교양 과목 강좌들도 일조했다는 것을 지적하고 싶어서다. 1학기가 지나갈 때쯤에는 학교 공부에 대한 열의가 완전히 식어 버렸다. 흉흉한 캠퍼스 분위기도 한 몫을 했지. 우선 도서관에 가기가 싫었다. 1983년 당시 도서관에는 사복경찰이 상주하고 있었다. 아무리 사복을 입었다고 해도 경찰인지 학생인지는 금방 알지. 아니, 경찰의 감시를 받으며, 공부하다니 그게 말이 돼? 심지어 무료한 일부 사복 전경들이 도서관 복도에 분필로 원을 그려 놓고 동전 던져 따먹기 게임을 하는 모습도 흔하게 볼 수 있었다. 점점 학교가기가 싫어졌다.

남정욱 : 공부하기 싫어서 운동권이 됐다는 얘기인가.

황성준 : 아니지. 계기는 있었지. 5월 24일. 날짜도 정확하게 기억한다. 도서관 쪽에서 데모가 터진 것으로 보고 아예 정반대 방향인 사범대 쪽의 일명 깡통식당에 가서 점심을 먹었다. 데모가 소강상태인 것으로 보고 수업에 들어가려고 사회대 건물로 들어가는데 갑자기 짭새다! 짭새! 소리가 들렸다. 사회대 건물 곳곳에서 난투극이 벌어지기 시작했다. 데모대가 건물 쪽으로 피하니까 경찰이 쫓아 들어온 거다. 얼떨결에 화장실로 도망친 뒤 문을 걸

어 잠갔다. 이미 많은 학생들이 화장실로 피신해 있었다. 밖에서, 문 열어! 개새끼들아! 하는 소리와 함께 문을 부수기 시작했다. 황급히 창문을 열고 밖으로 뛰어 내렸다. 다행히 높지 않아서 어렵지 않게 뛰어 내릴 수 있었다. 그리고 무조건 사범대 쪽으로 달렸다. 잠시 후 정신을 차린 뒤 생각해 보니 왜 내가 도망쳐야 했는지를 이해할 수 없었다. 그냥 기가 막혔지.

남정욱 : 집주인이 강도에게 쫓기는 형국이다.

황성준 : 비유는 비슷하지만 기분은 더하다. 그날 저녁 봉천 사거리에 위치한 중국집에 모여 신입생들끼리 술을 마셨다. 술이라도 마시지 않으면 견딜 수 없었다. 이날 연행된 학생이 1,000명은 넘을 것이란 이야기가 나왔다. 술이 몇 순배 돌고 취기가 오르자 누군가의 선창으로 이른바 운동권 노래를 부르기 시작했다. 그런데 갑자기 이상한 소리가 들려 창문을 열고 내려다봤더니 전경차가 와 있었다. 주변에는 전경들이 쫙 깔려 있고. 너희는 완전히 포위됐다. 손을 머리 위에 올리고 한 사람씩 내려와라! 믿을 수가 없었다. 취해서 잘못 들은 거겠지 했는데 불행히도 현실이었다. 술을 마시던 학생 전원이 관악경찰서로 연행됐다. 그리고 이름, 학번, 학과명을 적은 종이를 들고 사진을 찍었다. 왜 할리우드 영화 보면 나오는 거 있잖아. 다시는 불순한 노래를 부르는 등의 불법 집단행동을 하지 않겠다는 반성문도 썼다. 다음날 새벽 훈방으로 나오면서 분노가 치밀었다. 씨발, 이런 개새끼들. 그래 내가 깨지나 네놈들이 깨지나, 어디 해 보자! 아참, 끌려갔던 친구 중 하나

는 하루 더 있다 나왔다. 광주 출신이라는 이유로. 그게 신림동서 분신한 이재호다. 그날 당장 학교에 들어가서 한 선배를 찾아갔다. 이른바 운동권 지하서클에 가입하겠다는 의사를 밝혔다. 악마에게 영혼을 파는 일이 있더라도 이 개 같은 세상은 반드시 부숴 버릴 거야 결심했다.

남정욱 : 결국 시대가 세상이 학구파 학생 하나를 이데올로기로 몰아넣은 거네.

황성준 : 뭐 나만 그랬던 거도 아니고. 여하튼 그렇게 패밀리 생활을 시작했다. 아, 처음에는 자기가 어느 패밀리인지 모른다. 2학년 올라가면서 희미하게 눈치 채고 2학년 말이나 3학년 때 정식으로 통보받는다. 패밀리의 기원은 1971년 위수령으로 학내 이념서클이 금지되면서 지하화된 것이다. 패밀리의 기본단위는 3학년 1~2명과 2학년 2~4명, 그리고 1학년 5~8명 정도로 구성된 팀(Team)이다. RP(ReProduction, 재생산)책이라고 불린 3학년 팀장의 주된 임무는 1학년과 2학년의 의식화 세미나를 주도하는 것이다. 1학년 세미나에는 2학년도 참여하는데 2학년은 여기서 조교 역할을 담당한다.

남정욱 : 4학년은?

황성준 : 할 일이 따로 있었지. 그건 이따가. 패밀리에 대해서 길게 언급하는 이유는 패밀리가 1980년대 전반기 학생운동의 중추신경을 담당했기 때문만은 아니다. 이른바 386세대의 부상과 함께 패밀리 동문회는 현재적 의미를 지니고 있다. 과거 명문고 동

창회가 한국사회의 주요 인맥을 형성했던 것처럼 현재는 과거 학생운동권의 패밀리가 정치권의 주요 인맥으로 작동하고 있다. 패밀리 친구는 자취방에서 함께 라면을 끓여 먹으며 이념서적을 학습하고 함께 거리에 나가 가두시위를 벌인 끈끈한 동지애로 무장된, 말 그대로 같은 집 식구였다. 당연히 이들은 동일한 문화적 정서와 코드를 공유한다. 우리 세대는 고교 평준화시대이다. 일부 비평준화 지역 지방 고등학교를 제외하고는 특정 고등학교의 인재풀이 그리 넓지 못하다. 또 대학교의 같은 과 동문들의 경우는 특정 분야에만 집중돼 있는 경우가 많기 때문에 다양한 인재풀을 제공하지 못한다. 반면 이른바 명문 패밀리는 정치, 경제는 물론 문화와 의료계에 이르기까지 다양하고 폭넓은 인재풀을 보유하고 있다. 그렇기 때문에 패밀리 동문회가 활발히 움직이는 것이고 특정 인물을 언급할 때 어느 패밀리 출신인가 묻는 것도 그런 이유다. 역설적이게도 대학생활이 즐거워지기 시작한 것은 이른바 패밀리 생활을 시작하면서부터였다.

남정욱 : 뭐가 즐거웠나?

황성준 : 공부. 당시 운동권 학생들에게 기성세대가 자주 하던 말이 하라는 공부는 하지 않고, 아닌가. '하라는' 이란 말이 붙어 범위를 제약해서 그렇지 지독하게 공부했다. 소위 'RP책(Reproduction, 재생산이란 용어의 약어로서 운동권 의식화 교육 담당자를 뜻한다)'으로 선발된 사람이면 최소한 기본 및 부교재 200권, 그리고 그 밖에 참고도서 500여권 정도는 소화했다. 극히 편향된 방향에서만 학습이

이뤄져서 문제였지. 80년대 초반부터 일반화되기 시작한 복사기의 확산은 판금도서라는 것을 사실상 무의미하게 만들었다. 이런 학습열풍은 80년대 후반 주체사상이 운동권의 주류가 되면서 점차 사라진다. 문제에 대한 모든 답이 이미 준비돼 있다고 믿는 주체사상 신봉자들에게 치열한 별도의 학습은 의미가 없었기 때문이지. 그들은 단지 교리문답의 암송만 있으면 되는 것 같았다.

남정욱 : 지적이지 않아도 운동할 수 있으니 편하기는 했겠다. 아까 나왔던 4학년 이야기 좀 하지?

황성준 : 83년 2학기였다. 여느 때처럼 세미나를 하기 위해 신림사거리의 자취방에 모여 있었다. 그런데 분위기가 평소와 달랐다. 자취방 공기가 얼마나 무거운지. 선배들의 표정도 어둡거나 침울하고. 분위기에 눌려 왜 그런지 물을 수가 없었다. 어색한 침묵이 흘렀다. 최소한 1~2시간? 나중에 따져보니 한 15분 정도였지만. 하여간 그만큼 무거웠다. 갑자기 자취방 문이 열리면서 2학년 선배 하나가 들어왔다. 그리고 그 선배 뒤를 따라 처음 보는 사람이 들어왔다. 그 순간 다른 2학년 선배들은 물론 3학년 선배도 자리에 일어났다. 엉겁결에 우리 1학년들도 모두 자리에 일어났지. 편히 앉으라고 하더니 세미나 지도책 3학년 선배가 입을 열었다. 이 선배님께서 다음 주에 '동'뜰 예정이다. 그래서 여러분에게 작별인사를 하러 오셨다. 동 뜬다는 말은 시위를 주동한다는 의미의 운동권 은어다. 당시 동뜰 경우 거의 대부분 징역 1년에서 2년 사이 형을 받았다. 그러니까 감옥가기 전에 후배들에게 인사

하러 온 것이었다. 그 선배는 준비해 온 소주병을 꺼내서 일일이 한명씩 따라 주면서 포옹했다. 누군가가 나지막한 목소리로 친구라는 운동권 노래를 부르기 시작했다. 친구는 멀리 갔어도 없다 해도 굵은 눈물 붉은 피 흐르네 역사가 부른다 멀고 험한 길로 북소리 울리며 사라져 간다, 어쩌구 하는. 2학년 선배들은 말없이 흐느끼고 분위기 참 처연했다. 결연하기도 하고. 운동권 성찬식이었다. 일주일 후 1학년들끼리 모여 술을 마셨다. 시위가 있었고 그날 시위의 주동자가 바로 그 성찬식의 주인공이었다. 시위는 처참했다. 시위대열은 5분도 버티지 못했고 선배는 얻어맞으면서 끌려갔다. 우리는 최루가스에 도망쳤고. 밤새 떡이 되도록 술을 마셨다.

남정욱 : 70년대에는 등교하는 학생들 사이로 경찰이 운동권 학생의 사지를 들러 매고 통과하는 경우도 있었다고 들었다. 무지하게 모욕적이고 하여튼 기분 더러웠겠다.

황성준 : 나중에 알고 보니 꼭 그렇게 비극적인 것도 아니었다. 왜 당시 운동권은 징역살게 될 것을 뻔히 알면서, 그것도 길어야 5분도 못 버티는 데모를 위해 그런 행동을 감행했을까. 당시 동을 뜨면 자동적으로 학교에서 제적되고 징역 1년에서 2년 정도를 살아야했다. 출소한 뒤 취직도 되질 않았다. 바로 이 점을 역으로 이용했다. 감옥을 가는 의식을 통해 사회와 자신을 단절시키고 자신을 사회혁명을 일으켜야만 살아남을 수 있는 존재로 만드는 것이다. 또 이 의식을 통해 후배들이 자신의 길을 쫓아 오도록 감

성적으로 유도한다. 사실 동뜨기라는 성찬식이 없었다면 의식화 학습이라는 예배는 감동 없이 끝났을 것이다.

남정욱 : 재미있다고 해야 할지 어이없다고 해야 할지.

황성준 : DT(Demonstration Team)라고 있다. 시위 주동을 위한 1회용 단세포 조직이다. 4학년이 되면 기존 패밀리나 팀 활동을 단절시킨 뒤 DT에 편제되어 순번을 기다리다가 '동'을 뜬다. 공안당국이 DT를 구속시켜도 학생운동은 전혀 타격을 받지 않는다. 원래 구속되는 것을 목적으로 한 팀으로 이미 보안조치를 통해 다른 조직과 깔끔하게 단절시켰기 때문에 구속된다고 해도 아무런 문제가 없다. 오히려 구속되지 않을 경우 황당한 것이 DT의 운명이다. 그런데 자신이 원한다고 모두가 DT에 낄 수 있는 게 아니다. 보통 DT는 2~4명으로 구성되는데 1년 치 시위에 필요한 DT는 83년까지만 하더라도 학교당 20팀을 넘기기 힘들었다. 그러니까 80명을 소화하기 힘들었고 그러다보니 이 80명 안에 들어가는 게 보통 어려운 일이 아니다. 보통 DT는 1년 계획으로 1월에서 2월 사이에 구성되는데 여기에 끼기 위해 온갖 빽이 동원되기도 한다. 못 끼면 뭔가 하자가 있는 사람으로 보이니까. 일종의 과잉공급인데 이건 나중에 각종 농성투쟁과 조직사건으로 대량 구속사태가 발생하면서 자연스럽게 해결된다. 아무튼 지원자는 넘쳐흘렀다는 얘기다. 실형 6개월 이상을 선고받으면 군대가 면제되는 것도 지원자 늘리는 데 일조했고.

남정욱 : 당시 뉴스를 보면 서울대 상징 조형물 앞으로 결사적으

로 달려오는 모습이 많이 보도됐다. 교문을 뚫고 나가 일반인들에게 주의, 주장을 펴려는 거 였나.

황성준 : 서울대 안 가 봤군. 그거 뚫고 나가야봐야 앞이 벌판이다. 신림동이나 봉천동까지는 버스타고 15분이다. 데모하고 그냥 흩어지면 뭐하니까 마지막 코스로 하는 거다. 일종의 상징적인 세레모니지. 입구 조형물? 국립서울대학교의 한글 초성 ㄱㅅㄷ를 가지고 만든 조형물인데 우리는 바꿔서 이렇게 읽었다. ㄱㅅㄷ(공산당). 가끔 ㅅㄷㄱ으로 읽는 놈들도 있었다. 술, 담배, 계집. 세계관이 독특한 놈들이지.

남정욱 : 광주 이야기를 조금만 해 보자. 당신에게 5·18은 어떤 의미였나.

황성준 : 강력했지. 이야기한대로 경찰서에 처음 끌려간 것도 5·18 시위 때문이었고. 처음에는 학살로 받아들이지만 나중에는 혁명으로 이해하기 시작한다. 윤상원 혼자서 고군분투하다가 깨진 거 아닌가. 서울, 대구, 부산에도 또 다른 윤상원들이 있었다면 그렇게는 안 졌을 거라는 얘기다. 5·18 비디오는 늦게 봤다. 3학년 때 봤나? 그 시기면 혁명을 할 거냐 말거냐가 아니라 어떻게 할 거냐 고민하는 때라서 별 정서적 충격은 없었다. 선전·선동국에 있었으니 달리 보였다. 좋은 선전, 선동 자료가 나왔구나, 했다. 그랬더니 가정대 여학생 하나가 나보고 피도 눈물도 없는 인간이라고 했다. 기독교 방송국을 점거하면 어떤 방식으로 할 건지 계단은 몇 개나 되고 뭐 그런 거만 궁리하던 인간이니 귀에 들

어오지도 않았다. 얼마 전 보스턴 마라톤 테러에 사용된 폭발물 비슷한 것도 만들어 봤다. 일본 전공투 관련 책을 보면 사제 폭탄 제조법이 나오거든. 화공과 애들 불러 실험도 했다. 폭발력이 너무 세서 이건 아니다 아직 시기상조다 싶었다.

남정욱 : 전공투 이야기가 나온 김에 일본학생운동과 한국학생운동을 비교하면 어떤가. 어떤 이들은 한국 학생 운동이 끝까지 안 갔다는 이야기를 하기도 한다.

황성준 : 우리가 더 극단까지 간 것 같은데? 일본학생운동, 총을 들었는가 라는 기준에서 보면 끝까지 갔다. 그런데 끝까지 간 이유가 절망 때문이었다. 한국은 현실투쟁에서 그 끝까지 갔다. 분신은 승리를 확신하고 벌이는 행동이다. 일본학생운동이 스스로를 던진 사례가 있는가.

남정욱 : 슬슬 정리를 해보자. 일부 386세대의 문제로 부채 의식을 꼽는 사람들이 많다. 친구는 데모 하다가 잡혀가는데 자기는 도서관에서 공부한 것이 내내 찔리는, 그래서 그거 만회 하겠다고 더 극성부리는 거.

황성준 : 부채의식, 100% 맞다. 거기에 열등의식도 좀 있다. 운동 시스템에 들어와 있던 친구들은 지금도 만나면 얘기가 편하다. 가장 불편한 상대가 운동하던 애들 주변의 구경꾼들이다. 우리한테 이용도 많이 당했지. 수배 떨어지면 숨겨주기도 하고. 쓸데없이 과격하다. 누구인지 명단 읊으라면 끝이 없다.

남정욱 : NL과 PD는 유전자의 차이도 좀 있는 거 같다.

황성준 : 주사파, 감정적이고 착하고 인간적인 애들이 많았다. MT 그러니까 PD 계열은 좀 차갑고 이론적이지.

남정욱 : 학교 마치고는 어떤 경로를 밟았나.

황성준 : 노동자당 건설을 주로 논의했다. 인노련의 주대환 씨가 그 중심이었지. 내가 속했던 여명 그룹도 참여했다. 나는 소련과 접촉하는 임무를 맡았고 88올림픽 때 연결이 되었다. 소련도 그렇게 간 거고. 그러다가 사회주의노동자당 사건이 터졌다. 전문용어로 이빨을 맞췄다. 내가 다 뒤집어쓰는 거다. 당분간 들어오지 말라고 하더라. 전형적인 운동권 방식이다. 가령 전대협 의장했던 임종석도 도망다니는 게 주요 임무다. 걔한테 다 몰아주는 거지.

남정욱 : 험하게 살았다. 인생에 만족하나?

황성준 : 지금의 삶에 만족한다. 80년대로는 돌아가고 싶지 않다. 청춘이고 나발이고. 90년대는 더 나빴다. 전쟁터만 다녔으니까. 최악의 경우였다면 주사파가 돼서 북한 갔다 와서 망가지는 거? 그랬으면 아마 전향도 못했을 것이다.

남정욱 : 마지막 질문이다. 교과서에 할아버지 소설이 실려 있는 거 어떤가.

황성준 : 불편하다. 화제를 돌린다.

남정욱 : 장시간 감사하다.

황성준 : 나한테 유익하게 기억이 재구성 된 것은 아닌지 걱정이다. 사람은 자기한테 유리한 것만 기억하니까.

80년대를 대표하는 다섯 권의 책

수없이 많은 책들이 교육을 위해 출간되고 동원되었다. 그 중 다섯 권을 뽑았다. 사람마다 조금 다를 수는 있겠다. 내용만 가지고 본다면 대략 이 범주의 책들일 것이다.

해방 전후사의 인식

말 많고 탈 많은 문제의 책이다. 1979년 10월 첫 출간 이후 지식인과 학생층 사이에서 파란을 일으켰고 계엄령 하에서는 판금조치 되기도 했다. 백기완, 송건호를 비롯한 열두 명의 집필자들이 해방에서 분단으로 이어지는 당시의 정치, 경제, 사회, 문화의 주요 사건들과 인물들을 추적하여 분단의 배경을 조명했다. 386세대 역사 인식의 기둥이나 다름없는 책이다. 초판 서문은 이렇다.

"우리 민족이 걸어 온 현대사의 여러 결정적인 대목 중에서, 1945년 8월 15일 해방을 전후한 한 시기는 오늘 우리들에게 그 무엇보다도 중요한 의미를 갖는다. 이민족의 오랜 식민통치로부터 해방이 되었건만, 온 민족이 벅찬 환희와 감격으로 받아들이던 이 해방은 그러나 어느새 민족과 국토의 분단이라는 비극을 온 민족에 강요하는 상황이 또한 8월 15일 그날에 전개되기 시작했다. 외세에 의해 빚어진, 우리 민족의 참 의지에 배반하여 전개되기 시작한 분단은 그 후 안팎의 요인이 서로 얽혀 날로는 고정화되는 현실이 아직도 우리 앞에 있다. 남과 북으로 갈라진 민족은, 민족사상 일찍이 유래가 전무한 대결유형을 보이는 분단시대에 날로 깊이 빠져들고 있는 것이다(하략)."

이 선정적인 문체에 386은 정신없이 빠져들었다. 문제는 빠져들었다가 나오지 못했거나 자의로 안 나오는 것이다. 역사에 영원한 불멸의 영역 같은 건 없다. 돌아보면 그저 80년대식 역사 인식이었을 뿐이다.

8억 인과의 대화

영향력과 파급력에 있어 '해방 전후사의 인식'과 막상막하였던 책이다. 해방 전후사가 우리 역사를 민족주의와 이데올로기로 재단했다면 이 책은 중국(당시는 중공이라고 불렀다)에 대한 인식을 바꾸려고 노력했다. '현지에서 본 중국대륙'이라는 부제가 달려있으며 좀 무식하게 말하자면 당신이 이제까지 알고 있던 중국과 특히 문화대혁명과 관련하여 서방에 의해 왜곡된 선전은 잊으라, 권고하는 내용이다. 문화대혁명은 1966년부터 1976년까지 마오쩌둥에 의해 주도된 극좌 사회주의운동이다. 민생경제를 회복하기 위해 자본주의 정책의 일부를 채용한 정책이 실효를 거두면서 류사오치(劉少奇)와 덩샤오핑(鄧小平)이 권력의 실세로 떠오르기 시작했다. 위기를 느낀 마오쩌둥은 부르주아 세력의 타파와 자본주의 타도를 외치면서 이를 위해 청소년이 나서야 한다고 주장했다. 전국 각지마다 청소년으로 구성된 홍위병이 전국을 휩쓸었고 끔찍한 폭력이 10년 간 이어졌다. 특히 '반동학술권위'라는 죄명으로 인텔리 계층을 잡아 족쳤다. '우붕'이라는 집단 수용소를 만들었고 여기서 각종 학대와 노동개조가 이뤄졌다. 이들을 개조한다는 명분으로 파견된 관리원 대부분은 젊은 홍위병들이었다. 이들은 대학에서 자신들을 가르쳤던 은사를 죄인으로 고발하고 짓밟았다. 그 10년 동안 중국에 인륜은 없었다. 그런데 이 책은 그 현실을 깡그리 부정한다. 몇 구절

뽑아보자.

"중요한 것은 모택동이 하찮은 농민대중 = 인민의 지성이라는 것을 높이 평가하고 그것을 믿고 그에 의거하여 일을 해 나간다는 사실입니다."

"문화대혁명에서는 당의 권좌에 앉은 사람들이 다른 권력자에 의해서 물러난 것이 아니라 시정의, 일반 대중의 집단에 의해서 쫓겨난 것이 주목됩니다. 하찮은 백성들에 의해서 높은 지위에 있는 당의 간부들이 끌려나와 '사기꾼'으로 매도를 당하는 일은 유고슬라비아에서도 일어나지 못했던 일입니다."

문화 대혁명에 이어 이번에는 중국에 대한 옹호가 이어진다.

"중국은 지금도 가난하고 몸부림치고 있는 나라이기는 하지만 부유한 미국과 달리 빈곤이 없는 가난한 나라이다."

"중국 사회의 공정(公正)과 알뜰함에 초점을 맞춘다면 미국인은 미국 자신의 내부 현실을 직시하지 않을 수 없게 될 것이기 때문이다. 즉 미국이 그토록 자랑하고 선전하는 개인주의라는 것은 돈 많고 권력 있는 사람들이 그들의 사적 이익을 위해서 다른 사람들을 수탈할 수 있는 권리를 말하는 암호라는 사실, 그리고 공정한 사회를 창조하는데 있어서 미국이라는 부유한 나라가 덜 성공적으로 보인다는 측면에 우리 스스로가 눈을 돌릴 필요가 생기는 것이니나."

어디서 많이 듣던 말투다. 어디나 제 얼굴에 침 뱉는 거 좋아하는 '또라이'들은 항상 있다는 진리가 떠오르는 순간이다.

자본주의 경제의 구조와 발전

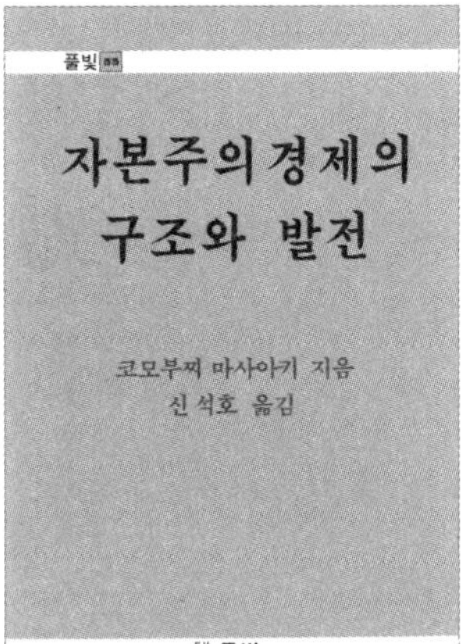

역사책에 이어 이번에는 경제책이다. 코모부찌 마사아키의 저작으로, 풀어 쓴 마르크스 경제학 정도로 이해하면 되겠다. 마르크스 경제학은 명료하다. 초심자가 빠져들기에 아주 최적이다. 마르크스경제학은 자본주의의 운동법칙을 분석하여 자본주의를 생성, 발전, 소멸의 흐름 속에서 파악한다. 그리고 자본주의에서 사회주의로의 이행을 필연적인 것으로 주장한다. 그래서 이 책은 경제사로 자연스럽게 이어진다. 책을 보고 나면 세상이 달리 보인다. 자본주의는 결국 나가떨어질 수밖에 없다는 확신을 갖게 만드는 힘을 가진 책이다. 경제 책이니까 안의 내용 설명이나 인용은 생략한다.

어떻게 할 것인가 (what is to be done)

경제 공부를 통해 자본주의 멸망 예정사를 배웠다면 이번에는 그것을 촉발시키는 이론을 공부할 차례다. '어떻게 할 것인가'는 80년대 남한 볼셰비키들이 번역해서 출간했던 불법 도서이다. 나중에 '무엇을 할 것인가'라는 제목으로 합법적으로 간행된다. 어차피 자본주의는 망하게 되어 있지만 그것만으로는 불충분하며 외적 조건이 갖추어 지더라도 혁명적인 전위당이 있어야 진도가 빨리 나간다는 내용이다. 전위정당 건설을 꿈꾸던 386들은 이 책을 읽고 감동의 눈물을 흘렸다. 대체 이런 놀라운 생각을 한 레닌은 얼마나 천재적인 인간인가, 하면서. 정확한 소개를 위해 다시 읽어보는 것이 독자에 대한 예의겠지만 글씨가 작고 타이핑된 서체가 도무지 읽기 어려워 포기하고 다만 기억에 의존해 리뷰에 대신했다. 모쪼록 혜량.

주체사상에 대하여

책이라고 하기는 좀 그렇고 그냥 사진에 나온 아버지가 창시했다고 주장하는 이론을 아들이 풀어 설명한 팸플릿이다. 처음은 이렇게 시작된다.

"우리는 멀지 않아 수령님의 탄생 70돌을 맞이하게 됩니다. 수령님의 탄생 70돌을 맞으며 전체주체사상토론회를 가진 것은 매우 뜻깊은 일입니다. 이번 토론회는 수령님께서 반세기가 넘는 오랜 기간 우리 혁명과 건설을 영도하시어 이룩하신 사상이론적 업적에 대하여 긍지높이 총화하였으며 주체사상의 위대성과 정당성을 다시금 힘있게 시위하였습니다. 주체사상은 수령님의 심오하고 다방면적인 사상이론활동의 고귀한 결실이며 주체사상을 창시하신 것은 수령님께서 이룩하신 혁명 과업에서 가장 빛나는 자리를 차지합니다(하략)."

뭐 이런 이야기가 한도 끝도 없이 이어진다. 이걸 부서질라

품에 안고 감동 깊게 읽었다. 쉽지 않은 일이었을 텐데 늦었지만 경의를 표한다. 이렇게 모두 다섯 권이다. 나머지는 대체로 이 다섯 권의 다양한 변주다. 비주사 NL이었던 하태경은 주체사상이 도무지 이해가 되지 않아 이를 신봉하는 NL주사들을 가리켜 매우 뛰어나게 해석학이 발달한 인간들이다, 고 평하기도 했다.

2부
아직도, 깨어나서 외치는 철 없는 함성

1. 김정일 위원장을 한마음으로 모시겠습니다, 일심회(一心會) 사건

일심회 사건은 대단히 흥미진진한 사건이다. 김정일 위원장을 한마음으로 모신다는 의미로 지었다고 한다. 결론부터 말하자면 이 사건은 2012년 현재 미제(未濟)다. 영구미제로 끝날 공산이 크다. 수사를 하다 말았다. 대부분의 간첩단 사건은 반국가단체 혹은 이적단체 vs. 공안 당국의 구도로 진행된다. 그런데 일심회는 다르다. 이 구도에 청와대가 끼어들었다. 공안 당국 편이 아니라 공안 당국이 수사하던 쪽에. 정말이지 역사에 길이 남을 코미디다. 노무현 전 대통령은 2006년 10월 26일 청와대에서 열린 안보관계 장관회의 직후 당시 김승규 국가정보원장을 따로 불러 "이제 그만하시라고요"라고 말했다. 국정원이 일심회 관련자들을 체포하고 본격 수사에 착수한 지 사흘 만의 일이다. 김 원장은 노 대통령의 발언을 사퇴 요구로 받아들여 이틀 뒤 사의를 표명했다. 애초부터 코미디였으니 코믹 버전으로 풀어 써 보겠다.

김승규 : 간첩단을 적발했습니다.

노무현 : …

김승규 : A4용지 100만 쪽 분량의 정보와 기밀이 북한에 넘어갔습니다.

노무현 : …

김승규 : 문건들이 대부분 암호로 작성되었는데 해독하면 메가톤급 핵폭탄이 터질 것 같습니다.

노무현 : …

김승규 : 정치권에도 관련자가 있을 것 같습니다. 수사 확대를 준비 중입니다.

노무현 : 그만 하세요.

김승규 : 네?

노무현 : 우리 말 몰라요? 그만 하시라구요.

김승규 : …

노무현 : (눈으로 암시) 그만 하시라는 말, 중의적이라는 것 정도는 알아들으시죠?

김승규 : …

대략 이런 상황이었을 것이다. 뭐 다른 버전도 있기는 하다.

노무현 : (뜬금없이) 이제 그만 하시라고요.

김승규 : …

모쪼록 두 번째는 아니었으면 좋겠다. 그랬다면 인격 모독을 넘어 인격 살해의 수준이니까. 노무현 전 대통령은 왜 수사를 중단시켰을까. 여기에 일심회 사건의 핵심이 있다. 일단 사건의 발발(?)부터 찬찬히 살펴보자. 총책인 장민호(조선노동당원)의 라이프 스토리다.

1981년 용산고를 졸업하고 성균관대 국문학과(81학번)에 입학한 장민호(미국명 마이클 장)는 2학년 재학 중 학내 시위 참가로 경찰에 연행됐다가 훈방 조치를 받은 뒤 82년 미국 유학길에 올랐던 인물이다. 일설에는 부모가 강제로 보냈다고 하는데 가기 전이나 미국에 간 후나 별로 반성을 한 것 같지는 않다. 장민호는 83년 캘리포니아 주립대 재학 시절 미국의 그라나다 침공 반대 시위를 하다가 제적된다. 미국에 가서도 반미를 실천했으니 일관성 하나는 칭찬해 줄 만하다. 미국 유학은 그의 인생에 악영향을 끼쳤을 것으로 추정된다. 한참 머리가 여물 시기인 대학 2학년 때 빨간 물이 든 채로 미국으로 갔고 동구 사회주의권의 붕괴나 북한의 대량 아사를 체감하지 못한 채 세월이 흘러 몸은 중년인데 정신 연령은 이십 대 초반에 머물게 되었으니 말이다. 미국에서의 행적은 2006년 12월 9일자 경북일보에 상세하게 보도된 바 있다.

1987년 미주 중앙일보 기자로 활동하던 장씨는 친북 재미교포 김형성(가명)씨로부터 '조선전사', '항일혁명투쟁사' 등 북한 원전을 건네받아 읽으며 주체사상에 빠져들었다. 1989년 2월 스위스, 체코를 거쳐 입북한 장씨는 약 1주일간 대외연락부(당시 사회문화부)에서 주체사상 등에 대해 집중 교육을 받았다. 1993년 1월 미국 국적을 취득한 장씨는 1998년 1월 중국 베이징 동욱화원에서 북한 공작원에게 "남한 내 통일사업 조직을 만들라"는 지령과 함께 공작금 2천 달러를 받았다.

2006년 10월 28일자 조선일보에는 추가 행적이 등장한다.

(장민호는) 93년 9월 재입북해 노동당원이 됐다. 당시 그가 받은 지령은 "공안사건 전력이 있는 386 운동권을 중심으로 지하조직을 만들라"는 것. 이후 6년간 꾸준히 접촉범위를 넓혀가다 1999년 '일심회'를 결성했다. 일심회는 반국가단체인 한국민족민주전선(한민전)의 강령을 준용했고 '자신과 조직보위에 충실한다' 등 3대 규약에 선서했다고 한다.

장민호는 지하조직 사업을 어디서부터 시작했을까. 모두(冒頭)에 굳이 출신학교를 밝힌 것은 그가 학연을 통해 조직원들을 포섭했기 때문이다. 97년 용산고등학교 동문모임에 참석한 장민호는 2년 후배인 운동권 출신 사업가 손정목을 만나 작업에 들어간다. 손정목은 연세대 82학번이다. 장민호는 이어 고려대 82학번인 이진강과 이정훈 전 민주노동당 중앙위원을 잇달아 포섭했다. 당국의 발표에 의하면 두 사람은 장민호의 용산고 동문인 허인회 전 열린우리당 전국청년위원장의 소개로 연결되었다(허인회는 장민호와 안면은 있지만 소개는 하지 않았다고 부인했다). 이어 장민호는 손정목을 통해 최기영 민노당 사무부총장을 끌어들였다. 최기영은 외대 85학번이다. 이들의 전력을 보자. 고려대 삼민투 위원장 출신의 이정훈은 미문화원 점거농성으로, 연세대 총학생회 학술부장을 지낸 손정목은 미문화원 점거농성 지지 시위로 각각 유죄 선고를 받았다. 이진강과 최기영은 86년 건국대 점거농성 사건 때 나란히 유죄 선고를 받았다. 전부 공안사건 경력이 화려한 인물들이니 장민호, 지령에는 참으로 충실했던 것 같다.

장민호는 짧게는 6개월 길게는 2년간 포섭 대상자의 정치적 성향을 탐색한 뒤 조직원으로 영입했다. 반미 성향의 인물은 사업을 핑계로 먼저 접근하기도 했다. 2000년 포섭된 이진강의 경우 반미청년회 활동을 했던 주변 동료들의 전향에 배신감을 느끼고 방황하던 틈을 노렸다고 한다. 그까짓 배신자들 때문에 흔들리지 마, 내가 과업을 줄게. 발각됐을 경우 꼬리를 자를 수 있게 조직을 운영하라는 북한 지령에 따라 최기영을 접촉하는 일은 손정목이 맡았다. 이른바 복선포치(複線布置)형이다. 점조직이나 상하관계가 일직선으로 이어진 단선연계형과 달리 각각의 조직원이 다시 개별적으로 조직원을 끌어들여 자신의 하부 조직으로 배치하는 일종의 피라미드 형태다. 그러니까 최기영이 수집한 정보가 손정목을 통해 장민호에게 전달되는 식이다. 2002년 이정훈은 자기 밑으로 선군정치 동지회와 8·25 동지를 꾸렸고 이진강은 2005년 백두회를 만들었다. 포섭된 조직원들은 장민호의 지시에 따라 중국 베이징 비밀아지트 둥쉬화위안(東旭花園)에서 짧게는 이틀 길게는 6일씩 체류하며 북한 공작원과 만났다.

이들의 역할 분담은 이렇다. 장민호는 당연히 총책, 손정목은 국내 일반 동향, 민노당 간부였던 이정훈, 최기영은 정치권 내부 동향과 민노당 운영관련 정보, 이진강은 시민단체 동향을 수집했다. 이렇게 모은 정보들을 장민호는 북한대외연락부 부부장 유기순과 과장 김정용 등을 중국과 동남아에서 만나 전달했고 추가 지령과 공작금을 받았다. 명백한 간첩 사건이다. 그런데 왜 청와대가 이 사건의 수사에 개입했을까. 앞서 허인회의 이름도 나왔지만 청와대와 정치권에 진입한 386의 위기의식 때문이다. 더 수사가 진행되었다가는 또 어떤 이름이 튀어나올지 모르고 그게 단순한 과거의 친분이라 하더라도 정권의 정체성에 심각한 타격을 줄 수 있었기 때문이다. 보고 있자면 마치 다이너마이트 심지가 타들어오는 것 같이 속이 탔으리라. 당시 상황을 프라임경제 박지영 기자는 이렇게 설명하고 있다.

정치권과 시민단체, 노동계가 국가정보원과 검찰의 칼끝을 주시하고 있다. 386 운동권 출신 지하조직 '일심회' 소속 조직원 5명이 줄줄이 국가보안법 위반 혐의로 구속되면서 수사의 불똥이 어디로 튈지 모르기 때문이다. 국정원 주변에서는 일심회에 포섭된 조직원이 10여명에 달한다는 얘기가 돌고 있어 이번 사건은 향후 수사 내용에 따라 대규모 간첩단 사건으로 번질 가능성이 점쳐지고 있다. 특히 국정원은 고정간첩으로 지목한 장민호 씨의 구체적인 행동반경을 알 수 있는 '활동일지'와 은어로 작성된 '암호 보고문'을 분석하고 있어 파장이 예상보다 커질 것으로 전망된다. (중략) 공안당국은 장씨가 80년대 초반 학생운동 조직인 '삼민투(민족통일, 민주쟁취, 민중해방 투쟁위원회)' 멤버들과 80년대 중후반 조직인 전대협 출신을 주축으로 일심회를 구성해 각종 정보를 수집한 것으로 파악하고 있다. 현재 두 조직을 포함, 줄잡아 100여명의 운동권 출신이 청와대와 국회, 주요 정당에 포진해 있는 점을 감안하면 진보 세력 진영에 '빨간 불'이 켜진 셈이다.

빨간 불은 그냥 경고로 끝나고 말았다. 당시 그 빨간 불이 파란 불로 바뀌지 않고 그대로 유지되었으면 어땠을까. 동아일보 배인준 주필은 2013년 10월 1일자 칼럼에서 이렇게 쓰고 있다.

국가기밀 등을 북한에 넘긴 일심회 간첩단을 국가정보원이 수사한 것은 노무현 정부 4년차이던 2006년 가을이었다. 이 사실이 처음으로 신문에 보도되고 이틀 뒤, 김승규 국정원장은 "사표를 내라"는 청와대의 지시를 받았다. 김 전 원장은 2012년 동아일보 인터뷰에서 "청와대가 굉장히 싫어해 수사가 매우 어려웠다. 청와대 386들은 피의자들과 친분이 있다 보니 수사가 계속되면 곤경에 빠질 수 있다고 봤던 것 같다"고 술회했다. 2006년 김 원장이 쫓겨나지 않고 국정원이 마음 놓고 수사를 할 수 있었다면 무엇이 달라졌을까. 이석기가 2004년에 결성한 RO(Revolutionary Organization · 혁명조직)의 실체가 지금이 아니라 7년 전에 드러나고, 19대 국회의원 이석기는 존재하지 않으며, 국방정보 등이 대한민국 국회를 통해 종북세력과 김정은 손에 들어가는 일도 줄었을 것이다. 2002년 국가보안법 위반으로 검거된 이석기는 2003년 징역 2년 6개월을 선고받았지만 5개월 만에 가석방되고 2005년 특별사면 · 복권까지 되었다. 이석기는 가석방과 사면 · 복권 틈새에서 대한민국의 북한화 혁명을 위한 RO를 조직했고, 2012년에는 지하당의 가면을 벗고 나와 국회를 혁명의 교두보로 삼는 데 성공했다. 노 대통령은 김승규 원장 후임에 김만복 차장을 승진 기용했다. 김만복 원장은 국가기밀 등 A4 용지 100만 쪽 분량을 북한에 바친 일심회를 간첩단으로 단정할 수 없다고 한 인물이다. '굽실 만복'으로 통할 만큼 북한에 저자세로 일관했다. 정권 일각의 수사 방해와 굽실 원장의 호응 아래 일심회 수사는 용두사미가 되었고 그 부작용은 깊다. 당시 정권은 수사요원들까지 냉대해 안보수사 의지를 꺾었다. 지금은 원세훈 전 원장이 돌을 맞고 있지만, 국정원이 지난 3년간 이석기 일당을 극비 수사할 수 있었던 것은 김대중 노무현 정부가 아니라 이명박 정부였기에 가능했다. 좌파 정부에서 국정원 고위간부로 일했던 한 경험자는 "3년간 검찰 지휘와 법원 영장을 받아가며 보안을 유지하고 수사를 할 수 있었다는 것은 기적에 가깝다"고 말했다. 일심회 수사에 비추어볼 때, 노무현 정권 아래였다면 설혹 제보자가 있었더라도 이석기 기소는커녕 RO의 본체를 파악하기도 전에 수사가 좌절되었을지 모른다.

민노당 사무부총장 최기영은 전대협 사무국장 출신으로 전대협의 마당발로 통했다. 뒤집어 말하자면 그의 입을 통해 관련자가 수두룩하게 나올 수 있는 인물이란 얘기다. 박지영 기자의 말대로 2006년 당시 정치권에는 전대협 출신이 다수 포진하고 있었다. 일단 청와대에 비서관, 행정관급으로 10여 명이 들어가 있었고 국가안전보장회의(NCS) 핵심 관계자가 삼민투 위원장 출신이었다. 국회의원은 모두 12명이었다.의원 보좌관은 대략 40명 수준이었다. 여기에 정신적 386을 자처하는 대통령까지 뒤에 버티고 있었으니 386 운동권과 관련된 수사가 정상적으로 진행되었다면 오히려 그게 더 이상했을 것이다. 오해를 피하기 위해 사족을 단다. 언급된 모든 386이 전부 종북 세력이었다는 얘기가 아니다. 뉴라이트 계열처럼 적극적으로 전향하지는 않았더라도 북한에 대한 환상과 기대는 대부분 접었을 것이다. 그러나 그렇지 않은 경우가 있다면? 그러면서 국가 정책에 깊이 개입하는 386이 있었다면? 생각만 해도 아찔한 일인데 문제는 그 우려가 2014년 현재까지 아직도 해소되지 않았다는 것이다.

*

다시 사건으로 돌아가 일심회의 간첩 활동을 살펴보자. 맥이 빠지는 건 대충 마무리된 수사 때문에 구체적인 활동 내역 대신 추측만 가능하다는 것이다. 일단 총책인 장민호의 국내 행적을 보면 정보통신부와 산업자원부 등 정부 부처 산하의 정보기술(IT) 관련 기관에 근무한 기록이 있다. 국민일보 2006년 10월 31일 자는 이렇게 보도했다.

> 1994년 장씨가 처음 취업한 곳은 당시 통상산업부 산하 한국정보기술연구원. 장씨는 이곳에서 국제협력과장으로 근무하며 중국 산업연수단의 산업시찰 및 UC버클리 대학과의 해외연수과정 등을 진행하며 신기술에 대한 해외교류를 담당했다. 이후 연구원 경력을 인정받아 1995년부터 3년간 LG-EDS의 마케팅 담당자로 근무한 장씨는 1998년 정보통신부 산하 해외 소프트웨어지원센터 마케팅 매니저로 근무했다. 당시 장씨는 한국기업이 실리콘 밸리에 진출할 때 법, 절차 등을 설명하고 미국 시장의 정세를 분석해 조언하는 일을 담당했다. 사실상 1998년부터 불었던 한국 IT 기업 벤처신화의 핵심부서에 근무하면서 정부 정책 등을 접한 것이다. 장씨는 이 기간 두 차례(1998년, 1999년) 북한을 방문했고 1999년 귀국, 이정훈, 손정목 씨를 포섭해 일심회를 결성한 것으로 공안당국은 파악하고 있다. 수사 관계자는 "첨단기술의 경우 사안에 따라 국가기밀에 포함될 수 있다"며 장씨의 기술 유출도 수사대상임을 암시했다.

어떤 정보가 얼마나 북한으로 흘러들어 갔는지는 정확히 알

수 없다. 검찰은 이들이 56개 항목의 국가 기밀을 북한에 전달했다고 기소했는데 1심 법원에서는 이중 21개 항목만 유죄로 판단하고 35개 항목에 대해서는 국가 기밀이 아니거나 주관적인 견해로 처리했다. 수사가 좀 더 진행되었다면 유죄항목이 늘었을 것임은 말할 필요도 없겠다. 정부 기관에서만 일한 것이 아니라 개인 사업도 활발했다. 99년에는 서울 강남에 3차원 입체 만화 제작업체를 설립했고 국내 최초 게임전문채널 스카이겜티브이의 대표이사를 역임했다. 일심회로 적발된 2006년 3월에는 미국 모바일솔루션 회사인 미디어월테크놀로지의 국내법인 대표이사를 맡았다. 나이가 좀 어렸다면 완전히 신세대 간첩이다. 수사를 하던 공안당국 관계자는 "기존의 고정간첩과 달리 사업체를 운영하며 활발하게 사회생활을 한 새로운 유형의 간첩 활동"이라고 장민호의 활동을 정의했다.

북한이 장민호에게 지시한 내용을 보면 '환경 문제를 이슈로 시민단체를 반미투쟁에 끌어들이라'고 한 부분이 있다. 당연히 수사는 장민호의 포섭 리스트에 올라있던 인물 중 반미시위 가담자 중심으로 진행되었다. 당시 평택 미군기지 이전 반대 시위, 주한미군 반대 시위 등이 대표적인 반미 시위다. 역시 수사는 진행되다 만다. 시민단체 담당자는 이진강이었다. 이진강의 차 안에서는 북측에 보낸 '충성 서약문'이 발견됐다. "21세기 영도자 김정일 장군께 우리 청년 전사들은 만수무강을 축원하고 충성을 맹세한다. 위대한 영도자의 역사를 빛내기 위해 북한식 사회주의 노선을 추종하며 주적론 및 국가보안법 철폐를 지속적으로 펼쳐나가겠다"가 요지다. 이진강은 "사회과학을 공부해 북한에 대한 자료는 종종 보는데 (문건이) 왜 내 차에 있었는지는 모르겠다"고 말했다. 이 진술이 "아, 그거 제가 썼구요 그러니까 제 차에 있지요. 그런데 댁 같으면 그렇다고 말하겠어요?"의 의미라는 건 초딩이 아니면 다 알 것이다.

민노당 당원들의 개인 신상 정보도 김정일의 책상 위에 올려졌다. 아마 통째로 건너갔을 것이다. 일부 주목해야하는 인사들에 대해서는 인물평이 추가되었다. 2006년 10월 방북한 민노당 대표단원들의 경우 장민호는 이렇게 주석을 달아 놨다. '접촉시 요주의 대상 1호', '뚝심 있는 운동가 스타일', '돈키호테, 빨간 펜', '광야를 질주하는 백마' 등등. 어쩌면 김정일이 화를 냈을지도 모르겠다. "빨간 펜, 백마 이게 대체 뭔 소리얏!!!"

장민호가 북한 공작원과 교신하면서 사용한 암호 해독용 책자는 톨스토이의 부활이었다. 1993년 북한에서 단파 방송을 통해 내려온 지령을 숫자로 바꾼 뒤 책자 '부활'의 쪽수를 통해 이를 해석하거나 구체적인 단어는 지령을 해독한 숫자를 책의 쪽수와 행렬에 대립시켜 짜 맞췄다. 장민호는 매월 10일과 25일 오전 한 시에 단파 라디오를 청취하며 '부활'을 통해 암호를 풀고 지령에 따른 사업내용을 홍콩의 사서함으로 보낸 것으로 알려졌다. 공작원이 난수표 암호해독책 등 전통직인 방법 대신 고전 문학 책을 사용하는 것은 단어가 풍부하고 적발되더라도 의심을 덜 받기 때문이다. 책은 사건마다 다르다. 가령 96년 간첩 혐의로 구속되어 4년여를 복역한 '깐수' 정수일의 경우는 에밀리 브론테의 '폭풍의 언덕'과 찰스 디킨스의 '올리버 트위스트'였다. '일심회' 조직원들은 지령과 보고문을 주고받을 때 철저하게 은어와 가명을 사용했다. 공안 당국이 입수한 일심회 보고문건에 따르면 이들은 민주노동당을 '민회사', 열린우리당은 '우회사', 한나라당은 '나회사'로 각각 표기했다. 북한 조선노동당은 '우리당'으로 불렀다. 좌파세력은 '좌회사', 통일전선체는 '통회사' 등으로 표기했다. 서로를 부를 때도 사장이라고 불렀다. '최사장'(최기영 민노당 사무부총장) '장사장'(장민호) 등등. 새 회원을 포섭할 때는 본명이 아닌 가명을 사용하기도 했다. 북한 공작원과 접촉한 혐의를 받고 있는 손정목은 2003년 최기영에게 접근할 때 본명이 아닌 '손낙호' 또는 '손낙고'라는 이름을 사용한 것으로 알려졌다. 뭐 별로 새로울 것도 없는 사실이기는 하다.

2006년 11월 3일 동아일보는 재미있는 기사를 실었다. 전향한 386 운동권들이 일심회 사건을 어떻게 보는지 기자 회견을 한 내용이다.

"소매치기 전과 10범이 한번에 소매치기를 알아보는 것과 같이 우리는 이번 '일심회' 사건도 단번에 대규모 간첩 사건임을 알았다." 도희윤(39) 피랍탈북인권연대 대표 등 전향한 '386' 인사 8명은 2일 서울 종로구 뉴라이트전국연합 사무실에서 기자회견을 열고 이같이 말했다. 이들은 "1980, 1990년대 학생운동에 깊이 관여해 왔던 우리가 보기에 일심회 간첩단 사건 피의자들의 행동은 오래전부터 좌익운동 내에 전수돼 오던 조직보안 및 법정투쟁 수칙과 흡사하다"며 "일심회 사건은 대규모 간첩단 사건임을 확신한다"고 주장했다.

다음은 참석자들의 발언.

최진학(뉴라이트 전국연합 정책실장) : 1990년 삼민동맹사건 때 연루돼 안전기획부(현 국가정보원)에 잡혔을 때 보안수칙에 따라 묵비권을 행사했고 검거될 때를 대비해 미리 입을 맞춰 놓았기 때문에 무혐의로 풀려났다. 간첩 사건과 같은 공안사건에서는 실체적 사실에 대한 증거를 밝히기 힘들다.

이동호(전대협 연사국장, 북한민주화포럼 사무총장) : 장민호 같은 최고 핵심부는 어쩔 수 없이 자백하고 이진강 같은 제 2, 3선은 완강히 부인하는 것이 전형적인 투쟁 방법이다.

황성준(여명그룹 전 중앙위원) : 간첩사건 증거는 회합 사진이나 공작금

수령 외에는 드러나기 힘들어 회합이라는 죄명으로 잡아들일 수밖에 없다. 나도 예전에 소련공산당 당원으로 활동할 때 사진은 절대 찍지 않았고 초등학교 때 사진도 다 없앨 정도로 치밀하게 행동했다.

이들은 "이번 사건은 북한과 관련한 주사파 운동세력이 아직도 한국 사회에 건재함을 보여 준 것"이라며 "과거 친북 좌파운동을 하다 현재 청와대와 열린우리당, 정부에서 활동 중인 인사들은 스스로 전력을 고백하고 지금의 사상적 좌표를 밝히라"고 주장했다. 기자 회견의 동기에 대해서는 책임감을 들었다. "과거 주체사상을 지도이념으로 삼아 대한민국의 전복을 추구했기에 오늘날 한국이 직면한 위기와 이념적 혼돈에 책임을 느낀다." 전향자들의 삶은 고달프다. 일부는 정말 전향했는지 의심의 눈길을 거두지 않는다. 전향 시기의 사상적 갈등은 치열하고 피를 말리는 과정이다. 더 견디기 힘든 것은 모든 인간적 네트워크가 끊어진다는 것이다. 한 때 친구이자 동지의 손가락질을 받는 것은 끔찍한 고통이다.

2006년 11월 3일 동아일보를 보면 공판과 관련된 기사가 실려 있다. 신세대 간첩단인 만큼 주변 풍경도 예전 공안 사건과 참 많이 다르다.

386 학생운동권 출신 인사들이 연루된 '일심회' 사건은 과거 북한과

연계된 다른 공안 사건과는 다른 양상을 보이고 있다. 우선 구속자들이 서울 시내 경찰서 유치장에 인치된 상태에서 국가정보원으로 출퇴근 조사를 받고 있는 것은 과거와 사뭇 달라진 풍경. 이들은 매일 변호사나 가족과 접견하고 신문도 받아 보고 있다고 한다. 조사 분위기도 그리 위압적이지 않은 것으로 전해졌다. 이런 새로운 상황이 겹치면서 수사는 쉽지 않은 것으로 알려지고 있다. 당초 혐의를 인정했던 일부 피의자가 묵비권을 행사하면서 혐의 입증에 어려움을 겪고 있다는 것. 수사 관계자는 "변호사에게서 매일 진술 방법 등을 '교육' 받고 있는 상황에서 수사가 되겠느냐"고 하소연했다. 국정원이 간첩 혐의를 두고 수사 중인 상황에서 수사 대상자 측이 2일 수사 당국의 최고 책임자인 국정원장을 고소 고발한 것도 극히 이례적인 일. 통상적인 공안사건과 달리 수사 진행 상황이 언론에 보도되고, 수사 최고 책임자가 언론 인터뷰를 통해 사건에 대해 언급한 데서 비롯됐다. 이런 일도 과거에는 그 예를 찾기 힘들다.

'일심회' 사건 구속자의 가족과 시민단체가 공동으로 김승규 국가정보원장을 피의사실공표죄로 고소하는 등 일심회 수사에 반발하고 나섰다. 통일연대와 민중연대 등 96개 시민단체로 구성된 국가보안법폐지국민연대는 2일 오전 10시 서울 종로구 안국동 '달개비'에서 기자회견을 열고 "국가정보원이 일심회 사건을 정확한 증거 없이 간첩단 사건으로 규정하고 여론몰이를 통해 진실을 호도하고 있다"고 주장했다. 또 이들은 "수사가 진행 중이고 당사자가 혐의를 부인하는 상황에서 간첩단 사건이라고 규정지은 것과 피의자들의 이름을 그대로 밝힌 것은 잘못된 일"

이라며 "국정원과 언론은 무죄추정원칙을 무시하고 여론재판을 하면서 인권 침해를 자행하고 있다"고 주장했다. 이날 기자회견에는 구속된 5명 중 장민호(44) 씨를 제외한 가족 4명이 참석했다. 이들은 "언론에 가족관계와 사진까지 보도되는 바람에 사생활 침해가 심각하다"며 "국정원과 언론사에 법적 책임을 묻기 위해 공동행동에 나서겠다"고 밝혔다. 이정훈(43) 전 민노당 중앙위원 부인은 "남편의 실명과 가족관계를 밝혀 초등학생, 중학생 아이들이 불안해하고 남편이 운영하는 회사도 사진이 나오는 바람에 어렵게 됐다"며 "무조건 사람부터 잡아놓고 아니면 말고 식의 수사로 한 가정이 망가지고 있다"고 주장했다.

예전 공안 사건 사범들은 두 가지 반응을 보였을 것이다. 통쾌해 하거나 억울해 하거나. 자기들은 회유, 협박, 고문으로 시달렸는데 피의자가 오히려 공안 당국을 고소 고발하다니. 공판도 엉망이었다. 재판이 아니라 개판이었다. 2006년 12월 21일 첫 공판이 열렸다. 공판이 열린 417호 법정은 100여 명의 민주노동당 지지자들과 피고인들의 친지 등으로 가득 찼다. 이들은 피고인들이 한명씩 법정에 들어설 때마다 박수를 쳤고 장민호 등 다섯 명이 발언을 끝낼 때마다 박수와 함께 고성을 질렀다. 재판장인 김동오 부장판사는 그때마다 자제를 요청했지만 이들은 들은 척도 하지 않았다. 압권은 최기영의 모두발언 때였다. 최기영이 발언을 마치고 퇴정할 때 김 부장판사는 방청석에서 고함을 지른 서모에게 감치명령을 내렸다. 순간 방청석에서 재판부와 검찰을 향한 원색적인 욕설이 터져 나왔다.

"5공 파쇼 재판이냐?"
"야~ 이 새끼야. 미제 앞잡이냐?"
"검사 이 개새끼 두고 보자. 민중의 피를 빨아 먹는 쓰레기 같은 자식들."

…여기까지만 하자.

김대중-노무현으로 이어지는 10년은 386의 낙원이었고 '민주화운동 관련자 명예회복 및 보상심의위원회(이하 민주화위)'는 이를 위한 공식 창구였다. 2006년 10월 28일자 동아일보를 보면 일심회 관련자들의 이름이 등장한다. 이정훈은 1985년 미문화원을 점거한 혐의로 2년 9개월간 복역한 것에 대해 정신적, 물질적 피해 보상을 요청했고 민주화위는 2001년 11월 이를 받아들여 이정훈을 명예회복 대상자로 결정, 생활 지원금 3,928만원을 지급했다. 민주화위는 또 대상자의 전과 기록 삭제를 법무부에 요청할 수 있다. '민주화운동 관련자 명예회복 및 보상에 관한 법률' 제 5조의 3 ②항에 따른 것인데 이정훈에 대한 전과기록 삭제 요청은 법적 근거 미비로 받아들여지지 않았다. 또 한 명의 일심회 관련자인 최기영의 경우도 2006년 3월 명예회복에 이어 생활지원금 893만원을 받았다. 당시 평가위원이었던 장경찬 변호사는 "경찰에 폭력을 행사한 것을 어떻게 민주화 행위로 볼 수 있느냐" 반대 의사를 밝혔지만 다수결 투표에서 밀렸다. 명예회복이나 보상 뿐이 아니다. 한 언론보도에 따르면 김대중, 노무현 정부 10년간 특별사면으로 풀려난 공안사범이 무려 3천536명에 이른다고 한다. 이 중 김대중 정부에서만 2천892명으로 3천명에 달한다.

1990년 남한 내 직파간첩으로부터 포섭돼 강화도에서 북한공작원의 반잠수정을 타고 월북, 김일성 동상 앞에서 "위대한 수령 김일성 장군 만세"를 외치고 정식으로 '북한노동당'에 가입, 북한 지령에 따라 강원, 충청, 대전의 지하당인 '중부지역당'을 조직하고 간첩활동을 한 혐의로 체포된 황인호는 무기징역으로 복역 중 1998년 김대중 정부 당시 8·15 특별사면으로 가석방됐다.

1991년 6월 황인호에게 포섭돼 '중부지역당' 중앙위원 활동을 한 최호경은 무기징역으로 복역 중 1999년 김대중 정부 당시 8·15 특별사면으로 가석방됐다.

1992년 최호경에게 포섭돼 '중부지역당' 강원도당위원장으로 간첩활동을 한 혐의로 징역 12년을 선고 받은 양홍관은 징역 12년형을 선고받고 복역 중 1998년 김대중 정부 당시 8·15 특별사면으로 가석방됐다.

김낙중은 1972년 비밀지하조직을 결성해 월북을 시도하다 실패한 후 징역 7년형을 선고받고 1980년 만기출소와 동시에 평화통일연구회를 설립, 북한의 고려연방제를 홍보하던 중 1988년 말 직파간첩에 의해 포섭, 간첩활동을 제의 받고 14대 총선에서 원내진출을 하라는 직파간첩의 지령에 따라 1990년 11월 '민중당' 결성 주도, 1992년 8월 북한간첩으로부터 공작금 210만 달러를 받아 14대 총선에 사용, 30여년 간 북한의 고정간첩, 안기부에 체포 무기징역 선고받았지만 1998년 김대중 정부 당시 8·15 특별사면으로 가석방됐다.

1993년부터 남파간첩 이선실에게 포섭당해 김낙중과 함께 '민중당'을 이끌면서 '중부지역당' 사건으로 구속된 손병선은 무기징역을 선고받았으나 김대중 정부 때인 1998년 8·15 특별사면으로 가석방됐다.

…끝이 없다. 북한 간첩에게 포섭된 뒤 월북하여 수백만 달러의 공작금을 받고 남한에 와 간첩활동을 한 대부분의 공안사범들이 김대중 정부 시절 대부분 특별사면으로 가석방됐다. 특히 무기징역을 선고 받고 10년도 안돼 가석방 된 간첩출신 공안사범이 김대중 정부 시절 사면된 것이다. 이처럼 간첩활동을 했던 공안사범들이 특별사면으로 석방되면서 이들 중 상당수가 통합진보당 같은 종북 정당에 직접 들어간 것은 물론이고 참여연대와 같은 좌파시민단체 등에 들어가 있다는 것이다. 스탈린은 쓸 만한 간첩

하나면 몇 개 사단의 위력을 발휘한다고 했다. 웃을 일이 아니다.

*

일심회 사건은 용두사미로 허무하게 마무리된다. 명백한 간첩 사건이 관련자 6명이 대법원으로부터 유죄 판결 받는 것으로 사건이 종결된 것이다. 일심회가 북으로 보낸 성향 보고서에 이름이 올랐던 김0동, 이0규, 김0남은 통진당 제19대 국회의원이 되어 금배지를 달았다. 일심회 사건 당시 김0동은 민노당 사무총장, 이0규는 민노당 서울시당위원장, 김0남은 녹색연합 사무처장이었다. 2012년 7월 10일자 유영옥 칼럼을 보면 특히 통진당 비례대표 당선자 김0남 의원의 경우 무려 31번이나 그 이름이 등장한다고 한다. 관성의 법칙은 뉴턴의 운동법칙 중 제1법칙으로 외부에서 힘이 가해지지 않는 한 모든 물체는 자기의 상태를 그대로 유지하려고 하는 것을 말한다. 즉, 정지한 물체는 영원히 정지한 채로 있으려고 하며 운동하던 물체는 등속 직선운동을 계속 하려고 한다. 일부 386의 친북, 종북성은 관성 운동에 가깝다. 인민이 굶어죽건 수용소에서 수많은 인권이 짓밟히건 운동은 계속 된다. 멈추려는 순간, 몸은 앞으로 쏠려 한바탕 난리를 치른다. 그래도 멈춰야 하는 이유. 잘못된 관성은 바로잡아야 하니까, 우리는 이데올로기의 도구가 아니라 '주체적으로' 사고하는 인간이니까.

후일담, 반성문 그리고 성찰의 기록 가끔 의지의 재다짐

386들이 남긴 기록은 다양하다. 때로는 담담히 돌아보기도 하고 가끔은 아직도 그 상처받음을 치유하지 못해 징징대기도 하고 우울증이 있는가 하면 희망을 가지고 고통의 경험을 승화시켜보자는 경우도 있고 가끔은 그 실패의 원인을 찾아 더 높은 운동의 차원으로 승화시키려는 발버둥도 있다. 무엇이 옳은가 혹은 어떠해야 하는가 따위의 당위성에는 관심 없다. 그건 그 고백들을 받아들이는 독자들의 몫이고 386의 체험은 아직 사회적 기억으로 정리되지 못했다. 시간이 더 필요하다.

먼저 한상진 교수가 엮은 '386세대, 그 빛과 그늘(문학사상사)'이다. 1981년부터 1989년까지 학생들로부터 받은 보고서 2,400개를 정리한 책이다. 혼란스러웠으며 불안했고 어떻게 해야 할지 몰랐던 청춘들의 이야기가 담겨있다. 386 세대를 이해하는 첫 단계로 참고할 만한 책이다. 책의 부제는 '암울했던 80년대 대학생들의 순수와 열정과 방황의 기록'이다. 가진 것이 없으니 순수했을 것이고 어리니 열정은 당연했으며 그 결과가 방황이었다. 그냥 거기까지다. 도식적이고 식상하다.

다음은 현재 국회의원인 우상호의 '촌놈(두물머리)'이다. 부제는 '어느 386 세대의 성장 보고서'로 되어있다. 시골 소년이 대학에 와서 운동권으로 변화하는 과정을 담담하게 그리고 있다. 찡해지는 부분이 있기는 하다. 당시 우상호는 총학생회장이었는데 시위가 끝나면 분실물들을 찾아주는 시간이 있었다고 한다. 시계, 안경 등등. 그러다가 진행자가 운동화 한짝을 들어올렸다. 임자는 나오지 않았다. 진행자는 코를 막으며 좀 빨아 신어야겠다며 웃으며 넘어갔다. 나중에 알고 보니 최루탄에 절명한 이한열의 것이었다. 찾으러 나올 수가 없었다. 아홉 켤레의 구두로 남은 사나이 대신 한 쪽 운동화로 남은 청년, 그 청년이 대한민국 민주주의 역사를 다시 쓰는데 큰 몫을 했다. 소설은 두 권이 눈에 띈다. 공지영의 '고등어'와 권여선의 '늘 푸르른 틈새'다. '고등어'는 대체 무슨 얘기인지 모르겠다. 초등학생이 노벨상을 노리고 쓴 소설처럼 난해하다. '늘 푸르른 틈새'는 전형적인 운동권 후일담이다. 그래도 아기자기하게 읽는 맛은 있다. 두 책 모두 이데올로기를 끌어들이지 않고 있다. 마르크스레닌주의도 주체사상도 등장하지 않는다. 그런 학생운동은 없었다. 성인물에 어울리는 내용을 청소년물로 각색한 느낌이다.

다음의 네 권은 스펙트럼이 참 넓다. 이건범의 '내 청춘의 감옥', 김대일의 '21세기 좌익을 위하여 그리고 나를 위하여', 이근원의 '아빠의 현대사', 하태경의 '민주주의는 국경이 없다'이다. '아빠의 현대사'는 부제가 '미래를 향한 회상–광주 세대가 촛불 세대에게' 이다. 딸에게 아버지의 삶을 들려주는 형식으로 부제에 내용이 다 담겨있다. 지은이 소개에 '원래는 교사가 꿈이었으나 대학입학과 동시에 전두환을 만나 인생이 바뀜. 젊은 날의 선택이 혹시 치기가 아닐까, 환갑이 될 즈음 후회하지는 않을까 걱정했으나 기우였음을 가장 큰 다행으로 여기고 있음'이라고 되어있다. 그는 여전히 운동 중이고 아마 딸이 운동한다고 해도 말리지 않을 것이다. 책에는 끔찍한 대목이 하나 등장한다. 2학기 초에 시위를 계획했는데 8월에 군대에 갈 처지가 된 저자의 친구가 입대 연기를 위해 자해를 하는 장면이다. 처음에는 술을 먹고 육교 위에서 뛰어내려 다리를 부러뜨리려고 했단다. 그게 잘되지 않자 이번에는 펄펄 끓인 물을 다리에 붓고 손으로 죽 문질렀다. 자해를 한 친구는 부모님이 낳으시고 기를 때 제 몸을 잘 간수하라 하셨는데 이게 무슨 불효냐며 울었다. 그 끔찍한 일로 얻은 게 겨우 입영 3개월 연기였다. 이럴 때 새삼스레 전두환이 미워진다. 하태경은 현재 새누리당 국회의원이다. 그래서 그의 라이프 스토리는 제법 많이 알려졌다. 문익환 목사와 함께 통일 사업을 하다가 문 목사가 안기부(현 국정원) 프락치라는 북한의 모략 끝에 홧병으로 명을 달리하면서 생각을 바꿔 먹은 이야기들이 스펙터클하게 펼쳐진다. 하긴 애초부터 하태경은 비주사NL, 즉 주체사상이 별루인 NL이었다. 재미있는 건 전대협과 한총련 등 학생 운동지도부가 8·15 때마다 학생 대표를 평양에 보냈는데 그렇게 파견된 학생들은 나중에 다 반 김정일 성향을 띠고 돌아왔다는 대목이다. 실체를 접하는 순간 '홀랑' 깬 것은 강철 김영환 이래의 전통인 셈이다. '민주주의에는 국경이 없다'는 하태경의 사상 발전의 기록이기도 하다. 하태경은 자신들이 '어쩌면 운동권 행운아'였다고 말한다. 사회주의가 적절한 시점에 망해주었기 때문에. 노태우 시절까지는 이데올로기 성향을 감히 밝힐 수 없었지만 DJ 시절까지 소련이 버텨주었더라면 다들 스스로 사회주의자 혹은 친북이라고 커밍아웃할 뻔 했다는 얘기다. 그러면 지금처럼 민주화 운동 세대가 아니라 친북운동 세대로 기록되었을 것이라며 담담하게 털어놓는다. 이건범의 '내 청춘의 감옥'은 하태경보다 더 담담하다. 청춘이 감옥이라는 은유인 줄 알았는데 읽어보니 진짜 감옥 이야기다. 그런데 '감옥풍운'류의 무협지가 아니다. 서울대 사회학과 83학번인 저자는 소설을 써도 되겠다 싶은 필력으로 감옥 생활의 고단함과 그 안의 소소한 즐거움을 유쾌하게 적어 내려간다. 혹시 '감옥문학'이라는 장르가 있으면 단연 수상작 감이다. 본인의 생각이나 발언과 달리 이건범은 자유주의자다. 그는 운동권 노래를 부르는 도중에 화음을 넣어 선배에게 '쿠사리'를 먹는가 하면 징역생활 내내 다른 운동권처럼 철학책을 읽는 대신 소설을 읽는다. 소설에는 인간이 있다. 그는 철학이나 역사를 성찰한 것이 아니라 인간에 대한 성찰을 반복했다. 책의 한 문장은 울림이 깊어 그대로 옮긴다.

"세상이 달라지는데 '자율적이고 충만한 개인'이 얼마나 중요한 전제 조건인가를 고민하면서부터 나는 철의 규율로 단련된 혁명 조직 그리고 그 조직이 주도하는 폭력혁명과 헤어져야 했다. 아니 그렇게 혁명이 되어서는 곤란하다는 입장으로 변했다. 개인의 내면세계를 일구고, 더디더라도 민주주의를 거쳐 최대한의 공통분모를 만드는 게 앞으로 내가 우리 사회를 좋은 세상으로 만들기 위해 해야 할 일이라고 보았다. 그럼으로써 나는 '이념'의 포승줄에서 풀려나 '나'에게로 돌아왔다."

혹시 교묘한 전향도서 아니냐고 하실지 모르겠다. 책 표지에 신영복, 공지영, 정진영, 조국, 한홍구가 읽고 권하다, 라고 적혀있다. '그쪽' 진영에서도 전향문학으로 읽지는 않는 것 같다. 저자는 이미 진영을 떠난 것 같다. 다음은 김대일의 '21세기 좌익을 위하여 그리고 나를 위하여'다. 그는 아직도 이데올로기를 탐구하는 중이다. 왜 그것이 남한 좌익 운동사에서 주저앉았는지 그 대안은 무엇인지 고민한다. 실은 대충 읽었다. 꼭 필요한 논의 같기는 한데 그냥 좀 답답하다. 마지막으로 최홍재의 '386의 꿈, 그 성찰의 이유'다. 설명을 붙이자면 386 백문백답, 운동권 백서, 포괄적인 386 안내서다. 별로 두껍지 않은 책 안에 그 많은 분량을 다 밀어 넣은 것이 신기하다. 개인적인 기록은 거의 없다. 문체도 전반적으로 좀 '드라이'해서 저자가 혹시 무혈무루(피도 눈물도 없는)한 스타일의 운동권은 아니었을까 생각해본다. 저자는 한때 국가를 위해하기 위해 전력 질주했던 열정으로 현재는 대한민국을 위해 분골쇄신 중이다.

2. 80년대에서 멈춘 실천연대의 시계

'벤자민 버튼의 시간은 거꾸로 간다'라는 영화가 있다. '위대한 개츠비'로 유명한 피츠제럴드가 쓴 단편소설을 토대로 만들어진 작품인데 노인으로 태어나 죽을 때는 아기가 되는, 시간을 거꾸로 살아가는 황당한 이야기다. 2007년 대한민국에서도 비슷한 사건이 발생했다. 이른바 실천연대 사건이다. 제목을 이렇게 붙여본다. '실천연대의 시간은 80년대에 멈춰있다'.

실천연대. 남북공동선언실천연대(南北共同宣言實踐連帶)가 정식 명칭이다. 2000년 6·15남북 정상회담을 계기로 그해 10월 만들어졌다. 서울을 비롯해 7개 지방 본부를 두고 있으며 주요 조직원은 대부분 범민련과 한총련 출신으로 54명이 국가보안법 위반자다. 대학 시절 북한의 주체사상에 동조한 '주사파(主思派)'가 상당수인 것으로 알려져 있다. 강령에는 '반미 자주화', '미국의 한반도 지배 제거' 등의 내용이 들어있고 인터넷 방송 6·15 TV를 운영하면서 북한의 언론 보도 내용을 그대로 전재하는 등 국가보안법 제7조(찬양·고무 등)를 위반했다. 이들의 모습은 2007년부터 본격적으로 눈에 띄기 시작한다. 실천연대는 2007년 '신년 호소문'에서 "미국과의 최후 대결전을 승리로 이끌고 친미 · 보수 세력을 이 땅에서 완전히 쓸어버려 예속과 분단의 역사에 종지부를 찍자"고 주장했다. 2007년 1월 3일 동아일보는 '친북성향 일부 단체 북한 신년사설 복창' 이라는 재미있는 제목으로 이를 보도했다.

남북공동선언실천연대와 조국통일범민족청년학생연합(범청학련) 남측본부 등 친북 성향을 보여 온 일부 단체가 '대통령선거에서 반(反)보수 대연합 구축', '한나라당 반대' 등 북한의 신년공동사설과 비슷한 주장을 담은 '신년사'를 잇달아 발표하고 있다. 남북공동선언실천연대는 2일 인터넷 홈페이지에 올린 '신년 호소문'에서 "대선 승리는 평화통일이며 패배는 곧 전쟁이다. 자주와 평화, 민족을 사랑하는 모든 이가 대선 승리를 위해 총결집하자"고 주장했다. 범청학련 남측본부도 '새해 결의문'에서 "한나라당이 재생할 수 없도록 결정적인 타격을 안겨야 한다"며 "반보수 대연합을 구축하고 한나라당과 뉴라이트 등 반통일 극우세력의 재집권 기도를 분쇄하기 위한 투쟁에 총집중한다"고 선동했다. (중략) 특히 이들 단체는 예년에 신년사를 내지 않았으나 대선이 있는 올해 신년사를 통해 일제히 대선 개입을 공언했다. 이들 단체는 특히 북한이 1일 남한 대선을 겨냥해 '반미(反美)와 반한나라당'을 부추기는 공동사설을 발표한 것을 두고 '부당한 내정간섭'이라는 비판이 제기되는 가운데 북측 주장과 비슷한 주장을 펴 논란이 일 전망이다.

선거 때마다 느끼는 거지만 우리는 선거를 북한과 함께 치른다. 아니 치르는 정도가 아니라 투표권만 없다 뿐이지 주요한 변수 중의 하나다. 보통은 경쟁하는 양측에서 서로 유리하게 활용한다. 안보를 위해 동원하기도 하고 평화와 안정이라는 명목으로 가져다 쓰기도 한다. 실천연대의 경우 반대로 북한이 남한 선거에 직접적으로 개입하려 든 경우다. '반(反)보수 대연합을 실현하고 한나라당을 비롯한 반동보수 세력의 재집권 발악을 막아야' 한다고 방향 제시까지 했다. 고려대 유호열 교수는 이런 설명을 달았다. "원래 북한은 남한 정권의 성격에 신경을 안 썼다. 그런데 지난 10년간 김대중, 노무현 정권을 겪으면서 경제적 지원은 물론 국제관계 등을 고려하더라도 계속 비슷한 성격의 정권이 들어서는 것이 유리하다는 판단을 한 것 같다." 당연하겠다. 퍼 주고(현물 및 자금 지원) 양보하고(NLL 등 국가 주권) 묵인하고(인권 탄압) 얼마나 좋았겠는가. 겪어보니 호시절이더라 욕심이 동했다. 막아야 한다는 북한의 입장은 남쪽 좌익 세력에게는 막으라는 지시다. 일제히 종북 서라운드 스피커들이 울리기 시작했다. 2007년 경찰청 자료에 의하면 2007년 1월 한 달 간 인터넷에 올라온 찬양 문서는 3,009건으로 평소의 무려 네 배다. 글의 대부분은 한민전의 후신인 반제민족민주전선의 홈페이지인 구국전선에 올려진 것들을 퍼 온 거였다. 여기에는 김일성의 회고록인 '세기와 더불어'와 김정일을 찬양하는 '21세기의 태양이신 위대한 김정일 장군님께' 등의 글도 포함되어 있다. 핵실험은 대경사라는 글도 있다. 해바라기 아니 참 대단한 북바라기들이다. 가장 많은 게시물이 올라와있는 곳은 실천연대 홈페이지였다. 대부분 해외서버 등을 통해 등록되며 주로 자료실에 게시된다. 처벌은커녕 삭제도 어렵다. 경찰이 국가보안법 위반 수준의 글을 골라 정보통신부에 삭제 요청을 하면 정통부는 정보통신윤리위원회를 열어 삭제 요청 여부를 결정한 후 해당 홈페이지 관리자에게 시정요구를 하게 된다. 이렇게 시간을 끄는 동안 볼 사람은 다 본다. 실은 처벌 의지 자체가 없다. 2007년 6월 12일자 동아일보 사설을 보자.

정부가 친북단체인 남북공동실천연대(실천연대)의 선전선동 활동을 국민의 세금으로 지원한 사실이 드러났다. 이 단체는 지난해 북의 연방제를 "통일을 실현할 수 있는 가장 공명정대한 방안"으로 찬양하고 주한미군 철수와 국가보안법 폐기를 주장하는 책자를 펴냈다. 그 제작비의 일부를 정부가 지원한 것이다. 액수는 700만원이지만 결과적으로 북의 대남(對南) 선전물 제작을 정부가 세금으로 도와준 꼴이다. 2000년 제정된 비영리민간단체지원법에 따르면 시민단체 지원 목적의 하나는 민주사회 발전에 대한 기여다. (중략) 실천연대 대전충남지부 대표는 지난해

한미 자유무역협정(FTA) 반대시위 때 경찰을 폭행하고 방화한 혐의로 구속됐다. 그런데도 행정자치부는 '불법폭력시위단체를 지원 않겠다'던 방침을 어기고 올 지원분 3000만원 중 2400만원을 이미 지급했다. "경찰청에서 전달 받은 명단에 이 간부가 한미FTA 범국민운동본부 소속으로 돼 있었다"는 것이다. '눈 가리고 아웅'이 따로 없다.

이 단체는 작년 평택미군기지 저지 폭력시위 때도 주도적으로 참여한 바 있다. 눈 밝은 정부라면 이를 잡아내지 못 할 리 없다. 결국 이 정권의 '코드' 탓이다. 북의 '민족끼리' 구호에 취해 북의 주장을 앵무새처럼 되뇌는 단체에까지 감싸기로 일관하고 있는 것이다. 실천연대는 올해 초 북이 신년공동사설을 통해 '반(反)보수 대연합구축'을 촉구했을 때도 즉각 "대선승리는 평화통일이며 패배는 곧 전쟁"이라며 호응하고 나섰다. 노골적으로 김정일 정권을 옹호하고, 친북정권 창출에 앞장서겠다는 다짐이었다. 엄밀히 따지면 북의 사주를 받아 불법 대선운동까지 하겠다는 단체에 세금을 쓰는 셈이다.

앞서 말한 대로 북한 대남혁명전략의 최고의 무기는 핵도 아니고 미사일도 아니고 '민족'이다. 우리는 한 민족이라는 이 감성적 접근 앞에 이성은 마비되거나 위축되기 십상이다. 재미있는 건 민족이라는 말 자체가 수입어라는 사실이다. 20세기 초 일본에서 건너왔다. 우리에게 민족이라는 말이 없었기 때문이다. 민족이라는 개념이 있었다면 의당 거기에 상응하는 말이 있어야 하지 않을까. 찾아보자. 먼저 동포다. 같은 어머니에게서 난 자식이란 의미다. 민족과 무관하다. 다음으로 겨레가 있다. 한글학자 최현배 선생이 민족이라는 외래어에 대항하여 만든 말로 조선시대의 겨레붙이라는 말에서 따왔다. 겨레붙이는 피붙이 그러니까 일가친척을 말한다. 민족과 역시 무관하다. 계급 사회에 민족은 없었다. 민족은 일제의 통치를 받으면서 위기의식을 느낀 조선인들이 그들을 하나의 정치적 공동체로 엮으면서 그 외곽에 세운 대항전선의 명칭이다. 2007년 종북 게시물과 관련된 기사가 하나 더 뜬다. 10월 1일자 동아일보 사설이다.

남북공동선언실천연대(실천연대)는 요즘 자기네 인터넷 사이트에 '김정일 위원장 바로 알기'라는 특별연재를 시작했다. 첫 회는 김 위원장의 출생지가 소련 하바롭스크 근방이 아니라 백두산 밀영이라는 글이고, 두 번째 글은 권력세습을 '원로들이 추대한 것'이라며 정당화한 내용이다. 대부분의 게시물이 김정일 신격화(神格化)를 위해 북한이 날조한 허구를 그대로 옮긴 것들이다. 이른바 진보적 연구자들조차 거짓임을 인정한 내용이다. 남북 정상회담을 앞두고 이런 유형의 맹목적 친북(親北) 숭김(崇金) 게시물이 크게 늘고 있다. 정보통신부는 '정보통신망 이용 촉진 및 정보보호법'에 따라 지난달 28일까지 실천연대, 민주주의민족통일전국연합 등 13개 단체에 1660건의 친북 게시물을 삭제하라고 명령했지만 10개 단체가 거부하고 있다. 친북단체들은 실정법을 무시하는 초법(超法)기구처럼 돼 버렸다. 평택 미군기지 이전과 한미 자유무역협정(FTA) 체결 등을 반대하는 폭력적 불법 시위를 밥 먹듯이 하고, 김정일 미화(美化)에 앞장서는데도 정부가 해마다 국민 세금으로 조성된 지원금을 주고 있으니 거리낄 것이 없을 만도 하다. 정통부는 최종 시한까지 친북 게시물을 삭제하지 않은 단체들을 형사고발할 방침이라고 한다. 국가정보원 검찰 경찰은 정통부의 형사고발을 기다릴 필요도 없다. 그런데도 아무런 조치를 취하지 않고 있는 것은 국가보안법 폐지를 추진한 이 정권의 눈치를 보기 때문일 것이다.

80년대 중반 대학가에서 유행했던 북한 바로 알기 운동의 인물편이다. 김정일의 출생지를 백두산으로 바꿔 놓은 것은 백두산이 민족의 영산이라는 생각이 만들어낸 민족주의의 산물이자 백두혈통의 강조를 위해서다. 참고로 김정일의 출생지는 백두산 밀영(密營)도 하바롭스크도 아니다. 일본의 친북 학자인 와다 하루키 교수는 그의 출생지를 보로시로프 근처 야영지라고 밝혔다. '비극의 항일 빨치산'의 저자인 작가 김찬성도 김정일이 브야츠크에서 남쪽으로 500킬로미터 떨어진 블라디보스토크와 보로시로프의 중간지점인 남(南)야영지 하마탄 부근의 소련 병원에서 의사 왈야(당시 65세)의 도움을 받아 태어났다고 말했다. 당시 김일성은 소련에 있었다. 망명한 황장엽 전비서도 "김일성이 1940년 말에 소련에 들어갔다가 1945년 9월에 처음으로 평양에 들어왔다는 것이 역사적 사실인데 어떻게 1942년에 백두산 밀영에서 김정일을 낳았단 말인가?"라며 백두산 출생설을 부인했다.

"그날은 맑게 개인 아침이었다. 항일유격대 밀영지의 귀틀집들도, 충충히 들어선 수림도 수북이 눈에 덮여 주위는 온통 정갈한 은백색 세계였다. 그 황홀한 풍경, 신선한 아침과 함께 고고성을 울리시었다는 소식이 온 밀영지에 퍼져나갔다. 유격대원들은 누구나 이 경사를 혼자만 알고 있으려 하지 않았다. 그들은 약속이나 한 듯 모두 밖으로 달려 나왔다. 그리고 때마침 떠오르는 아침 햇발을 안고 불꽃처럼 나부끼는 붉은 깃발 아래 모여 서서 간절한 마음을 안고 그분의 미래를 축복하여 조국이 하루빨리 광복되기를 기원하였다."

이상은 김정일 전기의 일부분이다. 김정일의 생일은 1942년 2월 16일이다. 원래는 41년인데 김일성의 출생연도인 1912와 끝자리를 맞추려고 바꿨다고 한다. 김일성은 김정일의 출생을 조작하면서 백두산에서 경치가 좋은 곳을 직접 찾아 "여기가 밀영지 자리였다" 하고는 그 뒷산에 '정일봉'이라는 이름을 붙였다. 북한은 정일봉의 높이가 216m 42cm라고 선전하고 있다. 매년 김정일의 생일에는 정일봉에서 제비 216 마리가 한꺼번에 하늘로 날아오르는 장관이 펼쳐진다고 한다. 아, 정말 보고 싶다.

그렇게 유난을 떨었으니 주목 받지 않을 리가 없다. 내일신문 2008년 9월 29일자 기사다.

국가정보원과 경찰이 지난 27일 아침 국가보안법 위반 혐의로 체포한 남북공동선언실천연대 활동가 6명에 대해 구속영장을 신청했다. 최한욱 실천연대 집행위원장을 비롯 강진구 전 집행위원장, 문경환 정책위원장, 김영란 전 조직위원장, 곽동기 한국민권연구소 상임연구위원, 김성일 사무국원 등은 국가보안법 위반 등의 혐의로, 김복기 청년학생연대 집행위원장은 황장엽 전 조선노동당 비서에 대한 협박 등의 혐의를 받고 있다. 국정원은 실천연대의 인터넷 홈페이지와 인터넷 방송인 6.15 TV에 북한 소설 등의 자료를 올리는 등 국가보안법 제7조 고무 · 찬양죄를 위반한 혐의를 두고 있는 것으로 알려졌다. 더욱이 압수수색 영장에 '조직가입 혐의' 등의 내용이 들어있던 것으로 볼 때, 국가보안법 제7조 3항의 이적단체 구성 및 가입 혐의도 적용할 것으로 보인다. 찬양 고무를 목적으로 하는 단체를 구성하거나 이에 가입한 자는 1년 이상의 징역에 처한다고 규정하고 있다. 국가보안법 제8조 회합 · 통신죄 적용도 거론된다. 강진구 전 집행위원장이 2004년 베이징에서 열린 남북민간교류 실무회담에서 북한 민화협 관계자들로부터 주한미군 철수 공동대책 위원회 구성을 제안 받았다는 것이다.

4인의 프로필을 보자. 조직발전위원장 강진구, 96년 고려대 사학과를 졸업했으며 재학 중 김일성주의 청년동맹 산하 '2.16청년회' 사건 관련 국보법 위반. 집행위원장 최한욱, 광운대 신방과 졸업으로 재학기간 중 국보법 등 위반. 정책 위원장 문경환. 99년 카이스트 물리학과 졸업으로 국보법 위반. 정책 위원 곽동기, 카이스트 신소재공학 박사로 국보법 위반. 공통점은 국보법 위반이다. 이들은 북한의 대남 혁명론인 '주체의 한국사회변혁 운동론'을 그대로 받아들여 실천연대를 끌어왔다. 몇 개만 보자. 지도사상은 주체사상, 남한 사회의 성격은 미국에 예속되고 기형화된 반신불수의 식민지 반자본주의 사회다. 타도 대상은 미제와 매판자본가, 지주, 반동관료배다. 남한 혁명의 방법은 결정적 시기 무장 투쟁과 전민항쟁을 결합한 폭력투쟁이고 현 시기 규정은 혁명역량을 강화하는 준비기다. 정말 대단하다. 80년대 NLPDR에서 단 한발자국도 안 나갔다. 단 일보도.

실천연대 조직원의 집에서는 충성맹세문이 발견됐다. '모든 사업은(이들은 활동 대신 꼭 사업이라 부른다. 담당자는 일꾼이라고 한다. 모두 북한식이다)위대한 장군님을 위하여라는 구호를 심장에 새기고 투쟁할 것입니다. 그리운 장군님 품이 그립습니다.' 차라리 공안 당국이 수색을 하면서 몰래 가져다 놓았다고 믿고 싶다. 소생의 이런 착한 생각은 바로 배신당한다. 체포될 당시 간부 하나는 놀라서 우는 7살 아들에게 이렇게 말했다. "여기 온 사람들(수사관들)은 미국 놈들과 이명박의 졸개들로 아주 나쁜 놈들이다. 평생 이 놈들을 잊어서는 안 된다." 다음 날 간부 5명의 구속영장 심사가 이루어진 법정에서도 우는 자녀들에게 "미국 놈들과 국정원이 한 패가 돼 아버지를 억지로 붙잡아 놓은 것"이라고 반복했다. 독선의 절정이고 조금 심하게 말해 아동학대다. 하긴 딸을 낳은 한 간부는 홈페이지 비밀 방에 "딸을 우리 운동의 후기대(뒤를 잇는 대원)로 기르겠습니다"고 했다니 모두 진심일 것이다. 시간의 흐름과의 단절은 공간의 단절로 이어지나 보다. 이 분들은 2008년 현재 대한민국에 살고 있지 않다. 기억 어딘가의 세월에서 그냥 따로 모여 살고 있다. 이런 건 심리학적으로 연구할 필요가 있지 않을까. 그리고 언제 안겨보기나 했나 그립다니. 사건의 진행과정을 좀 더 살펴보자. 조선일보 2008년 10월 1일자 기사다.

국가정보원과 검찰에 따르면, 실천연대의 강진구(구속) 전 집행위원장은 2004년 12월 21일 통일부의 대북 접촉승인을 받은 뒤 중국으로 출국, 3차례에 걸쳐 북한 통일전선부 관계자들을 접촉했다. 12월 22일, 1차 접촉에서 통일전선부 교류 1과 소속인 리창덕(40 · 북한 민화협 사무소장) 등은 "김영삼, 황장엽 역적들을 청산하기 위한 투쟁에 나서야 할 것"이라고 지시했다. 한총련이 나서서 미 대사관 홈페이지를 반미(反美) 성토장으로 만들고 탈북자 활동을 싹부터 짓뭉개야 한다는 지시도 있었다. 다음날 2차 접촉에서는 "주한미군 철수 공대위를 조직하고, 김일성을 본받아 대중 속으로 들어가 반미 투쟁을 전개하라"는 지령이 떨어졌다. 이어 12월 23일 마지막 접촉에서도 북측은 "미군철수 투쟁의 전면화 · 전국화를 위해 미군철수 공대위가 조속히 결성되어야 한다"는 지시를 재차 내렸다. 이후 귀국한 강 전 위원장은 북측의 지령 내용을 '북경회담 대화록'이라는 문건으로 작성, 광주 · 대전 · 경기지부와 산하 단체 간부들에게 이메일로 발송했다. 거기에는 "우리 및 유관단체, 관계 일꾼을 제외하고는 배포하지 말 것"이라는 유의사항도 포함됐다. 김 전 대통령과 황씨에 대한 살해 협박은 현실화됐다. 김정일과 북한 인권문제를 비판했던 김 전 대통령을 겨냥한 플라스틱 상자가 2006년 6월 자유북한방송 사무실 앞에서 발견됐다. 거기에는 "김영삼이가 계속 망발을 한다면 상자 속의 인형처럼 될 것"이라는 협박문과 함께 칼이 꽂힌 인형이 동봉됐다. 자유북한방송은 2004년 2월 김 전 대통령과 황씨가 공동으로 설립한 곳이다. 황씨에 대해서도 한총련 출신 김모(34 · 구속)씨가 손도끼가 든 소포를 배달하는 등 협박이 이어졌다. 공안당국은 실천연대가 이 같은 살해 협박의 배후일 가능성이 높다고 보고 있다. (중략) 실천연대는 핵심 조직원만 입장할 수 있는 인터넷 비밀 방을 통해 주요 지침을 하달했다. 여기에는 컴퓨터 파일과 사용기록을 삭제하고 복구가 불가능하게 만드는 프로그램도 올려 조직원들이 다운 받아 사용하도록 했다. 압수된 '보안지침'에는 '고속버스 · 기차표는 미리 예매하지 말고 당일 현금으로 구입한다', '휴대폰은 반드시 집이나 학교에 숨겨 놓고 온다', '학교 · 학번 · 이름 · 나이 · 고향은 묻거나 답하지 않는다'는 내용이 있었다. 상당수 조직원들은 대외적으로 가명을 사용했으며, 위조 학생증 등은 필수였다.

단체의 이름값을 했다. 정말 대단한 실천력이다. 사회 분위기도 한 몫을 했을 것이다. 김대중·노무현 정권 기간 동안 남한의 민간 인사들의 방북 및 북측 인사들과의 접촉이 흔해졌다. 당초 신고한 것과 다른 활동이나 논의도 많았지만 남북화해협력의 무드를 깨지 않아야 한다는 이상한 분위기 때문에 그냥 넘어가는 일도 비일비재했다. 느슨해진 안보 의식과 시대착오주의자들이 만들어낸 사건이었다. 매일신문 정경훈 정치부장은 이들을 이렇게 표현한다. 2008년 10월 2일자 칼럼이다.

도널드 더트 매클린(Donald Duart Maclean). 기사작위를 받은 부유한 변호사 출신 하원의원을 아버지로 둔 명문 케임브리지대 출신의 이 관리는 냉전시대 소련을 위해 일한 최고의 영국인 스파이였다. 그는 외무부, 영미 합동정책위원회, 정보기관 MI5 등에서 일하며 20년동안 엄청난 양의 일급 기밀문서를 소련으로 빼돌렸다. 그가 조국을 배신한 목적은 공산주의 이상의 완전한 실현이었다. (중략) 매클린은 영국의 소련 암호해독으로 실체가 드러나면서 소련으로 건너갔다. 그러나 소련에는 그가 품었던 이상은 존재하지 않았다. 그는 이런 소련체제를 위해 일한 자기 인생을 혐오하면서 술로 세월을 보내다 1983년 생을 마감했다. 이처럼 소련을 위해 일한 서방의 지식분자들을 가리켜 레닌은 "우유부단하고 미련한 지식인들이 적어도 소련의 입장에서 볼 때 쓸모 있는 바보들(useful idiots) 역할을 할 것"이라고 조롱했다. '바보'들은 그 뒤에도 수없이 많았다. 사르트르는 강제수용소의 실체를 확인하고서도 소련을 비난해서는 안 된다고 했고 시몬느 드 보봐르는 "러시아 국민들의 희생은 그 지도자들이 국민의 희망을 체현하고 있음을 증명한다"고까지 했다. 이런 부류는 우리나라에도 있다. 국내 좌파의 무한한 존경의 대상인 리영희 씨는 2천만명의 희생자를 낸 중국의 문화혁명을 "웅장한 인간개조의 실험, 인간 제일주의, 보다 깊은 민주주의"라고 찬양했다. 북한 김정일의 입장에서는 남한의 '쓸모 있는 바보'들이 또 나타났다. 국가보안법 위반 혐의를 받고 있는 남북공동선언실천연대가 북한 통일전선부로부터 "미군철수 운동을 더 강력히 전개하라"는 지령을 받은 것으로 드러났다는 소식이다. 매클린은 철의 장막에 가려진 소련의 실체를 보지 못해 실수를 저질렀지만 이 땅의 바보들은 끝장난 수령체제의 실체를 뻔히 목도하고도 잘못을 저지르고 있다.

서울중앙지검 공안 1부는 2008년 10월 24일 실천연대의 최한욱 등 4명을 국가보안법의 이적단체 구성 · 가입 및 회합 통신 혐의로 구속 기소했다. 2008년 10월 8일자 한겨레신문 보도다.

검찰은 이날 중간 수사결과 발표에서 "실천연대는 2001년 12월 재야 · 학원가 주체사상파 주도로 결성된 북한 추종 이적단체로, 북한의 지령에 따라 이적활동을 해 왔다"고 밝혔다. 검찰은 2004년 12월 중국 베이징에서 열린 남북단체 실무회담에 참석한 이 단체 간부 강진구(39) 씨가 북쪽 민족화해협의회 관계자로 위장한 통일전선부 간부들로부터 '수령님을 본받아 대중 속에서 활동할 것', '김영삼과 황장엽을 응징하고 탈북자 단체를 짓뭉갤 것' 등의 지령을 받았다고 설명했다. 또 이 단체가 지난 4~7월 독일 주재 북한 공작원한테서 7차례에 걸쳐 〈로동신문〉 사설 등을 전자우편으로 받았다고 밝혔다. 그러나 실천연대는 "합법적 교류 과정에서 북쪽 인사가 '이런 활동도 필요한 거 아니냐'고 주장한 내용을 '지령 수수'로 보고 이적단체로 규정한 것은 납득할 수 없다"고 반박했다. 실천연대 상임공동대표인 김승교 변호사는 "이제 와서 느닷없이 8

년 전부터의 행사와 활동이 이적행위였다고 하는 것은 납득하기 어렵다"며 "공안당국으로부터 한 번도 이적성이 있다는 지적이나 제재를 받은 적 없이 활동한 게 (실천연대가) 이적단체가 아님을 반증한다"고 말했다. 그는 "지령이란 것도 통일부의 승인을 받은 남북 통일단체 실무회담에서 나온 북쪽의 얘기이며, 재독 공작원한테서 받았다는 이메일은 실천연대 홈페이지에 공개된 단체의 공식 이메일로 들어와 누구한테서 왔는지도 모른 채 열어본 것일 뿐"이라고 덧붙였다.

자세히 보면 재미있다. 실천연대는 "합법적 교류 과정에서 북쪽 인사가 '이런 활동도 필요한 거 아니냐'고 주장한 내용을 '지령수수'로 보고 이적단체로 규정한 것은 납득할 수 없다"고 반박했다. 여기서 이런 활동이란 '수령님을 본받아 대중 속에서 활동할 것', '김영삼과 황장엽을 응징하고 탈북자 단체를 짓뭉갤 것' 등이다. 그러니까 이런 끔찍한 이야기를 듣고 있었다는 이야기인데 이게 정상적인 사람의 반응인가. 이날 수사결과 발표장에는 황장엽 전비서의 얼굴을 피칠갑해 놓은 증거물이 놓여있었다. 검찰 발표에 따르면 실천연대는 대학가 주사파 등을 상대로 '김정일을 닮자'는 정풍운동을 전개했다. 정풍(正風)운동을 좀 더 살펴보자. '장군님을 중심으로 사고하고 행동하는 장군님식 생활을 사업에서 실천하는 것'이 정풍운동의 본질이란다. 그래서 구체적으로 어떤 것을 했나. 조직원들은 연애와 결혼은 물론 자녀출산까지 혁명의 과정으로 인식하고 있었다. 결혼을 앞둔 이 단체조직원들끼리 나눈 편지에는 '청춘의 사랑은 당과 수령에 대한 충성의 궤도 위에서 꽃펴나가야 한다'는 김정일의 교시 내용이 인용됐다. 충실한 전사가 되라고 서로를 격려하기도 했단다. 정말이지 이 보도가 다 조작되었기를 바라고 싶다. 2008년 11월 8일자 조선일보 보도를 보면 점입가경이다.

검찰에 따르면 이달 초 경기도 의왕시 서울구치소에 수감된 실천연대 강진구 조직발전위원장, 최한욱 집행위원장 앞으로 각 한 개씩의 등기소포가 도착했다. 규정에 따라 구치소 측에서 이 소포를 열어보니 북한 로동신문 사설과 기사 및 국내 민중계열 신문 기사 수십 건이 들어 있었다. 소포 발신자는 '실천연대'라고만 되어 있었다. 발신자를 추적한 결과 강씨의 아내로 확인됐다. 검찰 관계자는 "실천연대는 회원 가족들까지 북한에 경도돼 있는 것이 특징"이라며 "로동신문을 이적 표현물인지 여부를 가려 강씨 가족에 대한 사법처리를 검토 중"이라고 밝혔다.

위원장들에 이어 이번에는 실천연대의 공동대표가 기소된다. 문화일보 2008년 12월 3일자 보도다.

서울중앙지검 공안1부는 2일 남북공동선언실천연대 김승교(40) 상임공동대표 등 간부 5명을 국가보안법 위반(이적단체 구성 · 가입 등) 혐의로 불구속 기소했다. 기소된 인사는 김 대표를 비롯해 김모 조직위원장과 윤모 6 · 15TV 대표, 김모 사무처장이며 지난해 대선 당시 이회창 후보를 협박한 혐의 등으로 구속 기소된 송모 선전위원장도 추가 기소됐다. 검찰에 따르면 김 대표는 실천연대를 결성하는 데 주도적 역할을 하고 한국민권연구소 소장으로 기관지 '정세동향' 등을 통해 북한 주장에 동조하는 이적 문건을 작성 · 전파한 혐의를 받고 있다. 김 대표는 변호사로 활동하며 그간 '송두율 교수 사건'과 '간첩 민경우 사건', '일심회 사건' 등 국가보안법 위반 사건을 많이 맡아왔다. 그는 민주노동당 소속으로 지난 4월 총선에 출마해 낙선했으며, 올해 초 민주노동당 전당대회에서 "국가보안법은 악법이고, 법전에서 찢어버려야 할 쓰레기법"이라고 주장하기도 했다. 지난 2003년 9월 실천연대에 가입한 김 조직위원장은 '실천연대 6.15학원'을 통해 대남 혁명의 핵심 일꾼 양성을 목표로 그 이론을 전파한 혐의를, 2002년 6월 실천연대에 들어간 윤 대표는 지난해 10월과 12월 김정일 찬양 동영상 제작 · 반포 및 '강화도 총기 탈취 사건'을 미국의 개입으로 날조 · 유포한 혐의를 받고 있다.

공동대표 김승교 변호사, 어떤 인물인가. 전형적인 386세대로 1999년 변호사 개업 후 독일의 송두율, 재범간첩 민경우, 386간첩단 일심회, 이적단체 범민련 전의장 이종린 등의 변호에 앞장서왔다. 백모 등 이적단체 한총련 관계자 등 변호에 앞장서 왔다. 민주사회를 위한 변호사 모임(민변) 소속으로 2003년 대북송금 특별 검사팀 특별수사관으로 참여, "대북 송금 특검은 공(功)보다 과(過)가 더 많았다"고 주장했다. 대북 송금이 아니라 대북 송금 '특검'이다. 변호사 신분을 활용, 보수인사들의 민족문제연구소 명예

훼손 고소건, 김승규 전국정원장의 일심회 관련자 피의사실공표에 대한 고소 건 등 보수인사, 공안기관에 대한 각종 고소·고발을 주도해왔다. 그의 주장을 몇 개 살펴보자.

"헌법 제19조에도 사상보장이 명시되어 있다. 모든 사상에 금기란 있을 수 없다. 주체사상(主體思想)도 마찬가지다. 이번 토론회는 그러한 금기를 깨는 토론회라서 상당한 의미가 있다(2001년 6월 14일 고려대 주체사상 토론회)."

"이젠 어느 한쪽을 흡수하는 통일이 아닌 서로의 체제를 인정하고 존중하는 통일이 돼야 한다. 그 방법은 바로 1민족, 1국가, 2체제, 2정부인 연방제통일이다(2001년 4월5일 인터넷매체 U-news인터뷰)."

"북한인권법의 제정 의도는 조사결과 25개 항목을 보면 다 드러난다. 객관성과 공정성의 상실은 물론 불신과 적대감 등이 노골적으로 드러나 있다(2004년 11월11일 북한인권대응방안토론회)"

자신의 말마따나 정말 성향이 노골적으로 드러나 있다. 북한인권법의 제정에 대한 입장은 종북에 대한 주요한 기준이기도 하다. 함께 구속된 실천연대의 선전위원장 송현아는 '우리는 장군님의 전사'라는 노래를 만들었다. 가사를 보자. '우리는 장군님의 전사/미제가 제 아무리 날뛴다 하여도/우리의 귓전에는 만세소리 들린다.' 갑자기 속이 답답해진다.

2009년 4월 서울중앙지법 형사합의 23부는 실천연대를 이적단체로 규정하고 강진구 등 4명에게 실형 또는 집행유예 형을 선고했다. 2000년 10월 결성되었으니 사법적 단죄를 받기까지 무려 9년이나 걸린 셈이다. 변호사 차기환은 문화일보 칼럼에 이렇게 썼다.

(전략) 이번 판결을 계기로 되돌이켜 보면, 지난 10년 좌파 성향의 김대중 · 노무현 정권이 햇볕정책을 추진하면서 북한에 수조 원을 지원했으나 북한 체제를 개방시킨 게 아니라 오히려 대한민국의 체제 보호 의지와 인식체계를 악화시켰다. 노 정부는 정부 예산을 좌파단체에 지원했는데 위 실천연대에 6,000만원을, 한총련 등에 남북 공동행사 명분으로 54억원을, 김일성 철학을 노골적으로 찬양하는 '민족통일학회'에 9,000만원을, 선군정치를 지지하는 '민족 21'이라는 잡지에 신문발전기금을 지원했다. 이러한 현상은 청년 학생들의 인식에도 악영향을 미쳤다. 실천연대가 후원해 2008년 10월9일 개최된 '한국청년학생 통일학술제전'에 발표된 대학생들 논문은 현실 인식이 얼마나 왜곡돼 있는지 보여준다. '북한의 집단주의는 전체 인민 대중과 국가를 위한 개인의 자발적 희생을 전제로 하므로 전체주의와 다르다' '자본주의 체제 하의 일당 독재는 지배층의 권력 독점이나, 북한의 일당 독재는 수령을 중심으로 당과

인민이 통일 단결하는 과정' '자본주의 시각에서 북한을 독재정권이라고 비난해서는 안된다'는 요지의 논문들이 발표됐다. 60년 수령 독재의 결과 300만명이 굶어죽고 주민들이 목숨을 걸고 탈출하는 비참한 북한 체제를 찬양할 정도로 인식체계가 왜곡돼 있는 것이다. 지난해 엄청난 사회적 비용을 초래한 광우병 파동과 촛불시위도 좌파 단체들의 강한 이념(理念) 편향성과 반미의식이 결합돼 사실관계를 왜곡하고 나아가 장악하고 있는 일부 방송을 이용해 선동한 것이 주요 원인이라고 본다. 우리 사회가 더 발전을 지속해 나가려면, 이러한 종북(從北) 성향의 이념 편향성에서 벗어나야 한다. 그러한 이념에 얽매여서는 우리 사회 앞에 놓여 있는 선진화 및 초고령사회 등 산적한 문제를 결코 해결할 수 없기 때문이다.

지당하신 아니 너무나 정상적인 발언이어서 뭐 덧붙일 게 없다. 2009년 항소심에서도 실천연대는 이적단체라는 정체성을 유지할 수 있었다. 같은 해 11월 27일에는 김승교 공동대표에게도 징역 2년에 집행유예 4년을 선고했다. 집행유예의 이유는 '다만 남북화해 분위기에 편승한 행동으로 폭력적 수단을 통해 국가존립에 직접적인 위해를 가하지 않은 점을 인정'한 것이라고 한다. 법원의 판결을 존중한다. 그러나 '직접적인 위해를 가하지 않은 것'과 '위해를 가할 의도가 있었지만 실행에 옮기지 않았거나 여건상 옮기지 못한 것' 사이의 차이가 무엇인지는 솔직히 모르겠다.

2010년 7월 대법원 전원합의체는 실천연대가 이적단체에 해당한다고 최종 판결했다. 2010년 11월 30일 서울중앙지법 민사31단독 최형표 판사는 실천연대와 강진구 전 조직위원장 등 전·현직 간부 4명이 "검찰이 발표한 왜곡된 피의 사실이 언론에 보도돼 실천연대의 명예가 훼손됐다"며 국가를 상대로 낸 9,000만원의 손해배상 청구소송에서 원고 패소 판결했다. 최 판사는 언론 보도로 유죄 확정판결이 나기 전에 실천연대가 이적 단체라는 인식이 일반에 확산되었다는 명예 훼손 부분은 인정했다. 그러나 원고들의 피해에도 불구하고 피의사실 공표로 인해 일반 국민이 얻는 이익이 더 크다고 지적했다. 수사 결과가 왜곡·허위 사실이라는 실천연대의 주장은 받아들이지 않았다.

시간이 제법 흐른 지금 그들은 어떤 생각을 하고 있을까. 최근 발언을 모아봤다.

핵융합, 우주항공, 정보통신, 컴퓨터제어수치, 의료분야 등 이미 북한이 세계 최고 수준을 넘어선 첨단 과학 기술은 한두 가지가 아님. 북한은 1998년과 2009년 두 차례 인공위성 발사에 성공한 과학기술 강국임.

– 최한욱. 2011.6.1. 주권방송칼럼 '누가 뽀로로를 죽였나' 중에서

현실적으로 북한 정부가 붕괴할 가능성은 이명박 정부의 붕괴 가능성보다 훨씬 낮으며 북한의 김정일 위원장은 건재하고 후계문제도 이미

해결되었음. 사대주의하면 머저리가 된다더니 정신분열증도 함께 오는 모양임. 남의 장단에 따라 제각각 춤을 추려니 징신이 어찌 온전하겠는가.

– 최한욱. 2011.7.22. 주권방송칼럼 '임박한 급변 정세와 오락가락하는 MB'중에서

을지프리덤 훈련이 끝났다고 하는데 세부적인 훈련 상황은 아무도 알 수 없음. 훈련 중 태풍이 2번 지나갔기 때문에 훈련이 제대로 진행되지 못하고 태풍이 지나간 후 훈련은 소리없이 끝나 버렸음. 전쟁훈련이 지속되면 실제 전쟁 위기가 올 수 도 있었는데 태풍이 전쟁을 막았다고 볼 수밖에 없음. 미국의 대북적대정책 때문에 북한이 자위목적으로 핵개발을 시도하고 있음. 북한의 인공위성 발사는 평화적인 경제적 목적을 위해서임. 핵실험에 대한 공표는 미국의 거짓된 발표였음.

– 문경환. 2012.9.7 채널 6.15에서 황선과의 대담 중에서

핵을 갖지 않은 반미국가들은 상당한 시련에 놓여있음. 북한의 핵보유는 미국이 세계 패권을 움켜쥐고 있는 국제정세에서 국가체계를 지키는 더할 나위없는 방안이었을 것이고 북한이 핵을 보유한 목적은 북미관계정상화와 한반도 평화체제에 있다고 볼 수 있음.

– 곽동기. 2012.10.22우리사회연구소 사이트 기고문 중에서

…병은 영원히 낫지 않을 것 같다.

3. 국회진입 직전에서 좌절한 간첩단, 왕재산 사건

석기 시대의 원시인들은 전쟁을 몰랐다. 무엇보다 이유가 없었다. 다른 원시인에게서 땅을 빼앗아 와야겠다는 욕망도 없었다. 땅 같은 건 자기한테도 얼마든지 있었다. 다른 원시인의 이데올로기가 마음에 들지 않는다고 전쟁을 선포하는 일도 없었다. 당시 모든 원시인들의 이데올로기는 "가능하면 오래 살아남자." 하나뿐이었다. 물론 그때에도 다른 원시인을 죽이는 일은 있었다. 그러나 그것은 어디까지나 살인의 영역이었다. 전쟁의 가능성이 열린 것은 인류가 마을별, 종족별로 모여 살면서부터다. '이편'과 '저편'이 갈리고 다른 마을을 정복해야 한다는 슬로건이 만들어졌다. 최초의 무기는 돌멩이와 몽둥이였고 최초의 방어 무기는 두개골이었다. 한 방에 박살나지 않기 위해서 우리의 해골은 그토록 오랫동안 단단하게 진화해 온 것이다. 전쟁은 인류의 생활을 바꿔 놓았다. 살아남기 위해서 인류는 꼭 필요한 생산 활동을 제외한 나머지 시간에 죽어라 전쟁의 방식을 연구하고 개발했다. 기껏 농사를 짓고 사냥을 해 봐야 옆 마을에서 쳐들어와 약탈해가면 그만이었기 때문이다. 문명은 그렇게 탄생했다. 전쟁이 인류의 중요한 활동으로 자리 잡으면서 나타난 게 간첩이다. 토벌하고자 하는 동네 지형이 어떻게 생겼는지 힘깨나 쓰는 젊은 층은 얼마나 있는지 몽둥이는 몇 개나 비축하고 있는지 아는 것이 중요했기 때문이다. 그래서 간첩은 인류 역사에서 매춘 다음으로 오래된 직업이다. 가장 중요하면서 전문성이 필요한. 2천 5백년 전 손자는 이렇게 말했다.

"그런 까닭에 영명한 군주와 현능한 장수가 싸우기만 하면 이기고 남보다 뛰어난 공을 세우는 것은 (적의 상황을) 미리 알기 때문이다. (적의 상황을) 미리 아는 것은 귀신에게 얻을 수 있는 것도 아니요 천문을 관측한다고 되는 일도 아니다. 그것은 오직 사람, 곧 적의 상황을 잘 알고 있는 자를 통해서만 알 수 있는 것이다."

기술의 발달로 오늘 날의 첩보활동은 첨단 기술 박람회처럼 변했다. 초정밀 망원경 등을 통한 영상 정보(imint), 디지털 통신 기술에 기초한 통신 정보(sigint), 레이저를 쏘아 거기서 나오는 물질을 초스펙트럼 탐지기로 측정하여 정보를 취득하는 측정징후정보(masint) 등 첩보 활동의 경계는 무한확장 중이다. 그러나 아직까지도 인간을 통해 정보를 얻는 인간정보(humint)는 폐기되지 않고 꾸준히 활용되고 있다. 가장 효율적이고 경제적이며 구체적이기 때문이다. 손자뿐만 아니라 나폴레옹도 우수한 스파이 한 사람이 몇 개 사단의 전력에 필적한다고 말했고 실제로 러일 전쟁 당시 일본의 아까이시 중좌의 첩보 활동은 이 방면의 전설로 회자된다. 아까이시는 1902년 면밀한 분석을 통해 러시아를 연구했다. 당시 러시아는 공산혁명 세력이 부흥하고 있었고 이들은 제정 러시아가 일본의 공격에 흔들리기를 원했다. 아까이시는 공산혁명 세력과 손잡고 이들에게 엄청난 무기와 자금을 지원했다. 러일 전쟁에서의 일본의 승리는 전면전뿐만 아니라 아까이시의 공작에도 힘입은 바가 컸던 것이다. 독일 황제 빌헬름 2세는 아까이시 한 사람이 만주군 20만에 필적하는 전과를 올렸다며 감탄했다. 간첩의 역할은 이래서 중요하고 또 중요하다. 2011년 7월 왕재산 간첩단 사건이 터진다. 비중 있는 현직 정치인의 측근까지 연루된 사건이다. 2011년 7월 30일자 동아일보를 보자.

29일 공안당국의 수사로 드러난 이른바 남한 지하당 '왕재산' 사건은 북한이 대남적화전략을 펴면서 남한 국회의장 측근까지 포섭했다는 점에서 큰 파장을 낳고 있다. 특히 북한에 포섭된 이 인사는 최근 국회의원 총선에서 민주당에 공천도 신청해 북한의 대남전략이 남한 국회까지 정면으로 겨냥한 것으로 드러났다. 북한 노동당 225국에 포섭된 이모씨는 여러 가지 경로를 통해 북한 노동당 225국으로부터 남한에 지하당을 구축하라는 지령을 직접 받은 것으로 선해졌다. 남한 지하당 '왕재산'의 2인자로 서울지역 총책을 맡고 있었던 이씨는 연락책을 중국 베이징(北京) 등으로 보내 북한 공작원과 접촉하는 방식으로 지령을 받은 것으로 조사됐다. 검찰은 이씨가 북한과 직간접으로 접촉한 단서를 휴대용 저장장치(USB메모리) 등 광범위한 압수물에서 파악했다. 이씨는 1980년대 학생운동을 주도했던 인물 중 한 명으로 알려져 있다. 중앙대 81학번인 이씨는 1988년 평화민주당에 입당한 이른바 '재야입당파' 91명 중 한 명이다. 재야입당파 중에는 임채정 전 국회의장(당시 민통련 사무총장)도 포함돼 있다. 이때부터 임 전 의장과 맺은 인연을 계기로 국회의장 정무비서관으로 활동했다. 2008년 18대 총선을 앞두고 경기 남양주을 지역구에서 민주당에 공천을 신청했지만 공천을 받지는 못했다. 이후 2008년 11월 민주당 전략기획위원회 부위원장을 지낸 것으로 알려졌다.

북한 노동당 225국은 조선노동당 산하 문화부와 연락부가 통합하여 1974년 만들어진 조직으로 굵직굵직한 간첩단 사건 때마다 그 이름을 드러냈다. 1974~1975년까지 문화연락부 시기에는 일본 거점 간첩 진00 일당 사건, 경남 부산 지역 거점 간첩 강00 사건의 배후였고 1975~1988년까지 연락부 명칭이었을 때는 학원 침투 간첩 백00 일단 사건, 지도 핵심 간첩 정00 사건, 입북 자수 간첩 오00 사건을 기획했다. 사회문화부 명칭이었던 1988~1997년에는 남한 조선노동당 중부지역당 사건을 조종했고 역시 지하당인 구국전위와 부여 침투 간첩 김00 사건에도 배후에 있었다. 225국의 전신이 대외연락부 시기에는 민혁당 사건, 일심회 사건 등이 그 주요 업적이다. 왕재산 당시는 내각 소속으로 변경 된 상태였으며 수십 년간 대만 공작에 종사한 60대 이상의 전문가들을 중심으로 조직되었다. 여기서 잠시 왕재산이란 이름부터 살펴보자. 신문 보도에 의하면 왕재산은 '김일성이 1933년 항일무장 투쟁을 위한 대책 회의를 연 장소로 알려진 함경북도 온성에 위치한 산으로 북한에선 혁명 사적지로 통하고 있다' 정도이다. 2011년 9월 6일 세계일보에 실린 NK지식인연대 김흥광 대표의 칼럼은 그게 그렇게 단순한 호칭이 아니라는 사실을 알려준다.

(전략) 이번 간첩단의 대호가 '왕재산'이다. 왕재산은 북한혁명전통의 핵심 키워드다. 다시 말해 김일성이 동북항일연군에 배속돼 중국혁명을 위해 항일한 것이 아니라 조국광복을 위해 북한 온성의 왕재산에서 회의를 하고 그 이후로 조선 국내에 연계된 항일투쟁을 했다는 것을 각인시키려고 꾸며낸 혁명유적지이다. 이를 위해 왕재산 혁명 사적지에는 전 세계에서 가장 웅장한 크기의 김일성동상이 세워졌고 북한 최대의 유적지로 꾸렸다. 따라서 왕재산이라는 이름은 함부로 붙일 수 없다. 하지만 왕재산대호의 간첩단이 북한에서 어떤 의미를 가지는지 친북좌파들은 모르고 있다. 이번 간첩단의 대호가 '왕재산'이라면 이 간첩단은 김정일의 최대의 신임을 받고 있음을 증명해 준다.(후략)

명칭부터가 예사롭지 않다는 얘기다. 왕재산 사건의 중심은 중앙대와 연세대다. 핵심인물인 김덕용 이상관은 중앙대 81학번 동기이고 임순택은 연세대 반미구국학생연맹 관련자다. 임순택은 김덕용의 초, 중학교 후배이기도 하다. 동아일보 기사를 좀 더 보자.

이번 사건의 가장 중요한 특징은 무엇보다 구속된 피의자들이 북한 내부의 직접 지령에 의해 조직을 구축하고 국내 정보 수집 등 간첩 활동을 수행해 왔다는 점이다. 국가보안법 위반 사건이긴 하지만 2000년대 이후에도 간간이 적발됐던 이적단체 구성이나 잠입 · 탈출 사건 등과는 달리 조직의 규모가 크고 광범위하게 뻗어 있었다는 점이 특징이다. 또 1994년 조선노동당의 남조선지하당이었던 구국전위 사건 이후 17년 만에 드러난 대형 남한 간첩단 사건이어서 수사 결과에 따라 큰 파장이 예상된다. 검찰에 따르면 왕재산은 1994년부터 최근까지 간첩 활동을 해왔다. 구국전위 사건이 터져 온 나라가 혼란스러운 와중에도 비밀리에 별도의 조직을 구축하고 국내 정보 수집 행위를 멈추지 않았다. 한국 사회와 남북 관계가 변화와 부침을 거듭해 오는 동안에도 이들의 간첩 활동은 아무런 변화가 없었다는 뜻이다. 검찰이 확인한 조직도에 따르면 한국의 지하 조직 왕재산은 일본 중국과 광범위한 네트워크를 구축했다. 왕재산은 재일본조선인총연합회(총련) 간부 1명과 대북 연락을 담당하는 재중 북한인 1명을 통해 북한 노동당 225국의 지령을 주고받으며 남한 정보를 북한에 보고했다. 말하자면 중국과 북한 남한 일본 등 동아시아

지역을 아우르는 네트워크를 구축해 왔다는 뜻이다.

검찰은 7월 29일 5명을 구속했다. 처음 언론의 관심은 이들이 정치권과 직접적이 연관이 있었다는 사실이다. 그런 면에서 왕재산 사건은 일심회 사건의 연장선상에 있다. 민노당 관련자가 간첩사건에 연루된 것은 이번이 처음이 아니다. 2003년 8월, 민노당 강태운 당시 고문이 북한 측 인사에게 정보를 건넸다가 체포돼 실형을 선고받았다. 2006년 10월에는 민노당 중앙위원과 사무부총장 등이 연루된 '일심회' 간첩단 사건이 발생해 유죄 판결을 받았다. 2009년 7월에는 민노당 국장이 북한 체제를 찬양한 글을 인터넷에 올려 구속됐다. 북한은 꾸준하게 남한의 반정부세력과 손잡고 대한민국 체제 전복을 기도해 왔으나 1970년대 이후 방향을 전환했다. 남한 국민의 안보의식이 높아지자 북한은 '하층 통일전선' 전략에 '상층 통일전선' 전략을 추가했다. 남한 정부와 정부 관련기관 등의 '상층부 인사'들에게 손을 뻗친 것이다. 이 손을 뻗치는 방식은 두 가지다. 하나는 기존의 인사들에게 접근하는 방식이다. 다른 하나는 아예 인사를 키우는 것이다. 김일성은 1973년 4월 남파 간첩들에게 "남조선에는 고등고시만 합격하면 행정부 사법부에 얼마든지 잠입할 수 있다. 머리 좋은 자식들은 데모에 내보내지 말고 고시 준비를 시키라"는 지령을 내렸다. 자식이라, 아마 아이들을 자식으로 표현한 모양인데 뉘앙스가 재미있다. 북한은 머리만 좋다고 해서 권력에 접근하지 못한다. 중요한 건 어느 계급이냐는 것이다.

북한은 철저한 계급사회다. 계급은 태어나는 순간 결정되며 특별한 경우가 아니면 계급이 바뀌는 일은 거의 일어나지 않는다. 태어난 아이의 할아버지 대까지 봐서 그 중 가장 낮은 계급을 기준으로 아이의 계급이 정해진다. 물론 북한의 헌법 제5장 65조는 '공민은 국가사회생활의 모든 분야에서 누구나 다 같은 권리를 가진다' 라고 명시하고 있다. 말이 그렇다는 얘기다. 북한은 1966년 4월부터 1967년 3월까지 실시한 '주민재등록사업' 결과를 토대로 전 주민을 '핵심 · 동요 · 적대'의 3개 계층 51개 부류로 구분했다. 이 분류는 바로 일상생활에 적용된다. 5개 군중으로 보는 시각도 있다. 이게 더 흥미롭다. 첫 번째가 특별군중이다. 혁명 열사 유가족, 애국열사 유가족으로 구성되며 할아버지 대에서 김일성과 함께 사회주의 혁명을 일으킨 사람이 있거나 핵심군중 이하의 핏줄이 없을 경우 특별군중이 된다. 이 특별군중은 김일성과 같이 직접 싸웠었던 김일성의 동지나 지인들이 해당되며 북한 내에서도 극소수다. 다음이 핵심군중이다. 전사자 가족, 영예군인, 접견자, 영웅, 공로자, 사회주의 애국 희생자 가족 등이다. 접견자는 아시다시피 김일성, 김정일, 김정은과 직접 만난 사람이다. 명색이 지도자인데 인민들을 자주 만나지 않느냐고? 북한 뉴스를 보면 현장 지도하는 김정은을 볼 수 있는데 그럼 그 사람들은 다 핵심군중이 되느냐고? 김정은 주변에 있을 수 있는 사람들은 이미 다 핵심군중이다. 김정은은 처음부터 핵심군중 이외에는 안 만난다. 세 번째가 기본군중이다. 노동자, 농민, 병사, 남한출신 의용군 입대자, 지식인 등이 여기에 해당된다. 기본군중이라니까 우리나라 중산층을 떠올리기 쉬운데 의외로 많지 않다. 게다가 친인척 중에 한명이라도 계급을 강등 당한 케이스가 있으면 그 가족이나 친인척들 또한 같이 계급이 떨어지기 때문에 오히려 줄어드는 경향이 있다. 네 번째가 복잡한 군중이다. 이 재미있는 표현의 계급에는 입대 기피자, 대열 도주자, 종교인, 처단자 가족, 정치범 교화자 가족 등이 들어간다. 마지막이 적대계급이다. 지주, 부농, 친일파, 친미파, 악질종교인, 종파분자, 간첩, 기업가, 상인, 월남자 가족 등이다. 여기에는 포함되지 않지만 두 개가 더 있다. 하나는 계급이라는 분류에서 아예 벗어난 김씨 왕가 그리고 이 5계급 바깥에 위치하는 수용소 생활을 하는 불가촉 집단이다. 평양에 사는 주민들은 핵심군중 이상과 극소수의 기본군중으로 이뤄져 있고 특별군중, 핵심군중, 기본군중은 사는 구획이 달리 나누어져 있어 특별한 경우가 아니면 서로 만날 일이 없다.

수사가 진행되고 민노당에 이어 민노총으로 사건이 확대된다. 2011년 8월 2일자 문화일보 보도다.

북한 노동당 225국의 지령을 받은 것으로 알려진 간첩단 사건인 이른바 '왕재산 사건'을 수사 중인 공안 당국이 전국민주노동조합총연맹(민노총) 조합원 40여명을 피의자 신분으로 소환 통보했다. 이번 사건과 관련한 수사가 민주노동당에 이어 민노총으로 확대되면서 진보진영 전반으로 확산되는 양상이다. 2일 공안 당국과 민노총 등에 따르면 국가정보원은 종북(從北) 성향 지하당 조직 왕재산 사건의 핵심 인물 등을 수사하는 과정에서 민노총 인천지역 상근직 조합원 김모씨 등 약 40명이 개입된 정황을 포착, 이들에게 피의자 신분으로 소환장을 발부한 것으로 전해졌다. 공안 당국에 따르면 북 노동당의 지령을 받아 남한에 지하당인 이른바 '왕재산'을 구성해 간첩 활동을 한 혐의(국가보안법 위반)를 받고 있는 김모(48)씨 등 지난 7월 구속된 5명은 직 · 간접적으로 민노총에서 활동해 온 인물인 것으로 드러났다.

이즈음 언론에 외국인 이름 한 명이 자주 거론된다. 귄터 기욤이라는 인물이다. 2011년 8월 1일자 동아일보다.

1973년 5월 서독 당국은 한스디트리히 겐셔 내무장관에게 빌리 브란트 총리의 수행비서 귄터 기욤이 동독 비밀경찰 슈타지의 요원이라고 보고했다. 기욤이 체포된 것은 1년 뒤였고 브란트 총리는 사퇴했다. 슈타지는 통일 전까지 서독에 3만여 명의 고정 간첩을 암약시키며 국회의원과 각료, 정보기관원은 물론 미래의 인재가 될 의원보좌관과 대학생까지 포섭했다.

권터 기욤. 1956년 동독 국가보안부 소속 중앙정보국의 지령을 받고 특수임무 장교로 서독에 입국한다. 당시에는 자신을 동독을 탈출한 망명자라고 속였다. 서독에 정착한 후 사민당 활동을 시작한 기욤은 프랑크푸르트 사민당의 보수적 당내분파에서 경력을 쌓는다. 1970년 연방총리실 직원을 거쳐 1972년 10월에는 총리의 당무비서가 된 기욤의 업무는 브란트 총리의 당내일정을 관리하고 당 기관과 당원과의 문서유통을 담당하는 것이었다. 기욤은 이 업무를 통해 브란트의 최측근이 되었다. 발각의 단서가 된 것은 1950년대 동독 중앙정보국이 기욤부부에게 보낸 축하 메시지였다. 중앙정보국은 단파라디오를 통해 1956년 2월 1일 '게오르크'에게 생일 축하인사를 보냈고 1956년 10월 6일 'Chr(크리스텔)'에게 생일축하인사를 보냈다. 그리고 1957년 4월 중순에는 아들 피에르의 출생과 관련해서 "두 번째 남자를 축하한다"는 내용을 송신한다. 1973년 5월 29일 헌법보호청 청장인 귄터 놀라우는 당시 내무부 장관이던 겐셔에게 기욤이 간첩 용의자라고 최초 보고를 한다. 겐셔는 이를 총리에게 알린다. 놀라우는 추가 정보 수집을 위해 기욤을 해고하지 말고 하던 일을 계속하게 하도록 요청했다. 브란트 총리는 이를 승인한다. 브란트는 이 사건의 폭발력을 과소평가했다. 그래서 그냥 지나갈 것이라 생각하고 크게 신경을 쓰지 않았다. 1974년 4월 24일 기욤과 그의 부인이 간첩 혐의로 체포된다. 1974년 5월 1일 브란트에게 보고된 기욤 수사기록에는 브란트의 사생활에 관한 내용이 정리되어 있었다. 1974

년 5월 5일 아침 브란트는 사임의사를 밝힌다.

권터 기욤만큼 주목을 받지는 못했지만 그 활동을 보면 더욱 충격적인 사람이 하나 더 있다. 카를하인츠 쿠라스라는 인물이다. 1967년 서베를린에서 팔레비 이란 국왕 방문 항의 시위 중이던 대학생 하나가 경찰이 쏜 총에 맞아 사망한다. 이 대학생을 쏜 사람이 카를하인츠 쿠라스다. 경찰이 죄 없는 학생을 죽였다며 젊은이들이 거리로 쏟아져 나왔다. 정권은 흔들렸다. 대학생이 죽은 지 42년이 지나 총을 쏜 경찰관인 카를하인츠 쿠라스가 동독 비밀 경찰 슈타지의 첩자였다는 사실이 슈타지 문서를 통해 밝혀진다. 고대에는 첩자를 다섯 가지로 분류했다. 현지인 첩자를 향간(鄕間), 적의 관리로써 포섭된 자를 내간(內間), 이중첩자를 반간(反間), 죽음을 무릅쓰고 적을 속이는 첩자를 사간(死間), 살아돌아와 보고하는 첩자를 생간(生間)이라 했다. 카를하인츠 쿠라스는 내간(內間)이자 사간(死間)의 변종이었다. 경우에 따라 사간이 발휘하는 폭발력은 엄청나다. 상대편 내부를 한 순간에서 흔들고 깨트릴 수 있는 것이 사간이다.

민노당, 민노총에 이어 이번에는 군에까지 불똥이 튄다. 2011년 8월 5일자 동아일보 기사다.

군 수사기관이 4일 여군 중위를 포함한 현역 장교 2명을 국가보안법을 위반한 혐의로 수사 중인 것으로 알려졌다. 군 관계자는 이날 "최근 여군 중위 1명을 포함해 위관 장교 2명을 국가보안법 위반 혐의로 수사하고 있다"며 조만간 관련 혐의를 확정해 처리할 것이라고 밝혔다. 여군 사관후보생은 높은 경쟁률을 뚫고 소수만 선발되기 때문에 엄격한 신원조회를 거친다. 여군 장교가 국가보안법 위반 혐의로 수사대상에 오른 것은 이례적이다. 이 여군 장교는 대학에 다닐 때 한국대학총학생회연합에 가입해 활동했으며 임관한 뒤에도 휴가를 이용해 진보단체가 주최하는 집회 등에 참가했다는 의혹을 받고 있다. 또 민주노동당 당원으로 가입해 당비를 정기적으로 납부해온 것으로 알려졌다. 한편 군 수사당국은 북한 노동당 225국과 연계된 반국가단체 '왕재산' 사건과 관련해 현역 병사 여러 명이 연루된 정황을 포착하고 이들을 참고인 신분으로 조사하고 있다. 군 관계자는 "이들이 병사 신분인 점을 감안해 소속 부대에서 조사하고 있다"며 "현재까지 조사한 결과 이들이 왕재산에 가입해 적극적으로 활동한 것으로는 보이지 않는다"고 말했다.

숙군이 필요한 이유다. 사건은 예고된 수순을 밟아간다. 일심회 때는 국정원장을 고소하더니 이번에는 민주노총 산하 통일선봉대 소속 인사 100여 명이 국가정보원 청사 앞에서 시위를 벌인다. 일부 민주노동당 소속 인사들도 끼어있었다. 시위대는 검찰이 조직명도 제대로 파악하지 못하고 있다는 것은 증거 없는 수사라는 증거라며 국정원이 변호인 접견을 제한하고 변호인 소지품을 뒤지거나 욕설까지 했다고 주장했다. 최창준 민주노동당 자주

통일위원장은 "한반도에 평화 분위기가 조성되는 시점에 공안사건이 터지고 한상대 검찰총장이 종북·좌익세력과의 전쟁을 선포했다"며 이는 정권 차원의 조작 사건이라고 주장했다. 자신들에게 불리한 사안이면 무조건 '정권의 음모'나 '공안 탄압'으로 몰아붙이는 오래된 수법이다. 좌익운동 이론가로 활동했다가 전향한 안병직 서울대 명예교수는 박정희 정권 당시 수사기관이 발표한 좌익사건 대부분이 "기본적으로 사실"이라고 증언한 바 있다.

8월 26일자 서울신문에는 왕재산 사건의 수사 결과가 실려 있다.

(전략) (왕재산 사건은) 총책 김씨가 김 주석이 사망하기 1년 전인 1993년 8월 26일 직접 면담하고 '남조선혁명을 위한 지역지도부를 구축하라'는 명령이 담긴 '접견교시'를 받아 활동을 시작했다. 접견교시는 공작원의 최고 영예이며, 지령 수행에 목숨을 거는 것으로 알려졌다. 김씨의 대북 보고문 암호는 접견일을 뜻하는 '93826'이다. 1980년대 주사파로 활동한 김씨는 1990년대 초반 225국에 포섭돼 '관덕봉'이라는 대호명(對號名 · 비밀공작원들의 보안유지를 위해 이름 대신 사용하는 고유명칭)을 부여받았다. 이후 김씨는 초 · 중학교 후배인 임씨와 이씨를 각각 인천과 서울 지역책으로 삼아 2001년 3월 '왕재산'을 구축, 실질적인 활동에 들어간 것으로 조사됐다. 임씨와 이씨의 대호명은 각각 '관순봉' '관상봉', 연락책 이씨와 선전책 유씨는 각각 '성남천'과 '성봉천'을 썼다. 이들은 북한체제

를 선전하기 위해 벤처기업 '코리아콘텐츠랩'을 설립한 뒤 2002년엔 IT 기업 '지원넷'을 세웠다. '지원(志遠)'은 북한에서 '어떤 시련이 있어도 혁명과업을 기필코 완수해야 한다'는 의미라는 게 검찰의 설명이다. 특히 김씨는 김일성과 김정일 생일, 북한정권 창건일 등 북한의 5대 명절마다 조선노동당과 김정일에 대한 혁명투쟁을 다짐하는 25건의 충성맹세문을 전달한 것으로 검찰 조사에서 드러났다. 이들은 이메일을 통한 지령문 수신 및 대북보고문 발신에 북한이 개발한 암호화 프로그램인 '스테가노그라피'를 이용했다. 유씨를 제외한 이들은 2005년 북한으로부터 노력훈장을, 연락책 이씨는 국기훈장 2급까지 받았다.

북한의 훈장은 김일성 훈장 → 국기훈장 1급 → 노력훈장 → 국기훈장 2 · 3급 등으로 구성되어 있다. 훈장만 받은 게 아니다. 이들은 2005년 북한에서 훈장을 받은 데 이어 2008년에는 남쪽에서 민주화운동 보상금을 받았다. 김덕용은 1985년 서울 노량진역 앞 횃불 시위, 민정당사 투석 등으로 유죄판결을 받은 것을 이유로 보상금 4,219,000원을 받았다. 임순택은 1987년 반미구국학생동맹 사건으로 징역 10개월을 선고받은 일로 보상금 14,043,600원을 받았다. 당사자들에게는 참 알찬 한 해였을 것이다. 웃었을지도 모르겠다. 이러니 남조선이 망하지 하며. 공안 당국의 발표에서 눈길을 끄는 것은 '지원넷'이다. 간첩은 공작금을 받아 생활, 활동한다는 공식이 깨지는 순간이다. 좀 자세히 살펴보자. 지원넷은 2002년 이들이 설립한 회사로 주차장용 차량번호 인식시스템 등 프로그램 개발, 판매가 주요 사업이다. 쉽게 말해 주차장에서 빈 공간을 인식할 수 있는 '인식엔진 프로그램'이다. 재미있는 것은 이들이 이 프로그램을 만드는 핵심기술을 북한 225국으로부터 받았다는 것이다. 공작금 대신 기술을 줄 테니 이를 활용하여 먹고 살면서 공작하라, 인 셈이다. 지원넷의 2009년 매출은 22억원에 달했다. 이 수익이 그대로 대남 공작에 활용되었음은 물론이다. 혹시 북으로도 흘러들어갔을지도 모르겠다. 기술 사용료 명목으로.

8월 31일자 문화일보에는 이들의 활약상이 상세하게 나와 있다.

북한 대남공작부서인 노동당 '225국' 지시로 결성돼 17년간 암약하다 최근 공안당국에 적발된 남한 지하당 '왕재산'이 특전사 훈련 일정부터 대북 공격무기 제원까지 군사기밀급 자료들을 수집해 북한에 넘긴 것으로 확인됐다. 또 왕재산 조직은 이명박 대통령과 노무현 전 대통령 청와대 측근의 동향은 물론 민주당, 범민련, 한총련 내부 인사의 움직임과 활동 전망까지 분석해 일체의 기록을 북한 노동당 등에 보고해 왔으며 카지노 경영을 통한 기업화까지 모색했던 것으로 드러났다. 31일 문화일보가 단독 입수한 왕재산 간첩단 사건의 총책과 지도부 간부 등 최근 구속기소된 5명에 대한 검찰의 공소장에 따르면 총책 김모씨를 중심으로 한 '왕재산'은 위성항법 위치 확인기, 특전사 훈련 자료, 스마트 폭탄 · 야포 · 공습기 제원 등 군사기밀을 줄줄이 북한에 전달한 것으로 밝혀졌다. 이에 따라 북한은 이들에게 남한 사회에서 변혁(혁명)이 발생하면 제17보병사단 102연대, 공병대대, 제9공수특수여단 등 군시설을 타격하라고 구체적으로 공격대상을 정해 지침을 하달했다. 북한은 김씨 등을 통해 한화인천공장, 주안공업단지, 인천항, 인천시청 등 주요 기업시설 · 민간시설까지 파괴하려 했던 것으로 드러났다. 왕재산 조직은 또 민주노동당이 선거에서 야권연대의 중심축으로 자리 잡는 과제를 갖게 된다고 북한에 보고했던 것으로 나타났다. 공소장에 따르면 김씨 등은 지난 4 · 27 재 · 보궐선거 직전인 3월 21일 "민주당은 2012년 총선과 대선의 야권연대 노력의 주요 척도로서의 가능성을 타진할 것이며, 민노당은 민주당 외 야권연대의 중심축으로서의 역할을 강화해 나갈 과제를 갖게 될 것"이라고 북한에 보고했다. 공소장에 따르면 총책 김씨는 연락책인 이모씨와 함께 지난 2006년 미국 위성이 촬영한 최고 화소급 한반도 위성사진 책자와 노트북, USB 메모리 3개, 하드 디스크 1개를 당시 베이징(北京)에 체류 중이던 북한 '225국' 공작조 과장 리진에게 전달했다. 이들이 전달한 하드디스크에는 전국 상세 교통지도를 비롯해 경찰특공대 관련 자료, 특전사 공개훈련 자료, 특전사 동계훈련 자료, 스마트 폭탄 · 각종 야포 · 헬리콥터 · 공습기 제원, 일본 해상자위대 밀착취재 자료 등이 담겨 있었던 것으로 드러났다.

간첩의 이미지가 본격적으로 왜곡되기 시작한 것은 1999년 영화 부문에서이다. 두 편의 작품이 연달아 등장한다. '간첩 리철진'

에서는 어수룩하고 인간적인 간첩이 등장한다. '쉬리'의 여간첩은 미인이었다. 그것도 지고지순한 매력이 차고 넘치는. '그녀를 모르면 간첩'의 간첩은 애틋하다. '의형제'와 '은밀하게 위대하게'에서는 훈남 간첩이 등장한다. '산에서 내려오는 저 사람, 간첩인지 다시 보자'의 불안의 대상이었던 시대가 가고 휴머니즘을 가진 존재로 묘사되고 있다. 그러나 영화는 영화일 뿐이다. 간첩의 목표는 남한을 적화시키는 것이고 목적에 따라 인명살상은 기본이다. 안 잡히고 오래 해서 그런지 하여간 왕재산 참 다채롭다. 도표로 보면 이렇다.

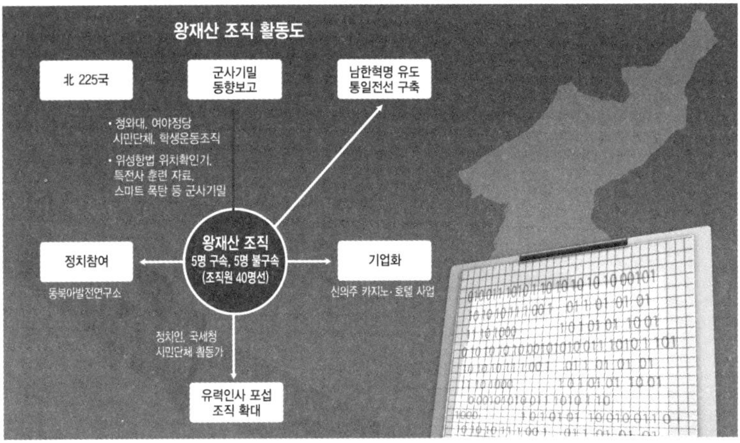

이들이 북으로 올린 보고서는 구체적이다. 국내 정치판을 손바닥 들여다보듯 내용을 정밀하게 담고 있다. 대선후보 등 정치권 인사의 내부 동향, 여론조사에서 나온 남한 내 인식에 대한 분석은 물론이고 한총련 범민련 남측본부 등 재야조직의 동향까지 없는 게 없었다. 전부 전 국회의장 정무비서관 출신의 이상관 덕분이다. 이상관은 2011년 2월 한국사회여론연구소의 '이명박 정부 국정 3년 평가'라는 여론조사를 분석해 "현 정부의 대북 강경 기조가 북한의 도발 직후에는 긍정적 평가를 받고 있지만, 상시적 남북 대립 관계가 지속되고 한반도 긴장이 고조되면서 대북정책에 대한 전반적 평가에서는 부정적 인식이 높다"는 내용의 보고를 했다. 당시 국면에서 이 여론분석 결과는 북한의 대남 적대행위를 고무시켜 추가 무력 도발을 유발시킬 우려가 있는 내용들이었다. 2011년 1월 작성한 '한나라당과 이명박 정부 주요인사 대립 동향'에서는 "여권 내부에서 이00, 정00 의원 그룹과 이00 의원 그룹과는 갈등이 심각하며 야당 역시 모든 정보력을 이00 의원에게 집중하고 있다"는 등 구체적인 내용을 보고했다. 야권연대의 3가지 흐름이었던 '빅텐트론', '진보대통합정당론', '야권단일정당론'을 소개한 것은 물론이다. 노무현 전 대통령의 측근 인사들에 대한 동향보고에서는 '현재 노무현 측근의 실제 핵심은 비서실의 안00 정무팀장, 이00 기획팀장'이며 '안00과 이00 산하에는 1980년대 전대협 핵심인물들로 1980년대(반미 청년회)의 핵심성원들이 노무현 측근의 실제 핵심'라는 설명을 달았다.

조작을 주장하던 왕재산 관련자들을 침묵하게 만든 건 두 가지였다. 먼저 문화일보 1월 6일자 보도다.

그동안 국내외에서 활동 중인 종북주의자들 사이에서 공안당국 조작설이 유포됐던 '왕재산 간첩단' 사건 재판이 분수령을 맞았다. 조작을 주장해 온 사건 연루자들과 북한 공작원이 해외에서 접선한 사진을 검찰이 재판부에 제출하면서다. 6일 공안당국에 따르면 검찰은 재판부에 왕재산 간첩단 총책 김모씨가 지난 1994년부터 북한의 지령을 받아 남조선혁명을 목표로 하는 지하당을 만들고 이어 수십 차례에 걸쳐 제3국에서 북한 공작원들과 접선했던 사진 수십여장을 증거자료로 제출했다. 왕재산 간첩단 사건은 그동안 비공개로 진행됐으며 검찰은 제출한 사진을 혐의 입증의 결정적 증거라고 보고 있다. (중략) 하지만 김씨 등은 "누가, 언제, 어디서 찍은 사진인지 명확히 밝혀야 한다"며 증거자료의 신빙성에 의문을 제기하고 있는 것으로 전해졌다. 앞서 김씨 등은 검찰 조사 과정에서 묵비권을 행사하거나 범죄 사실을 부인했으며 재판에서는 "검찰이 증거를 조작했다"고 주장해 왔다.

당연히 부인했을 것이다. 여기에 결정타가 날아간다. 같이 활동하고 심지어 김일성을 접견까지 했던 옛 동지가 법정에 선 것이다. 2012년 1월 9일자 조선일보를 보자.

북한 노동당 225국의 지령을 받아 활동한 간첩단 '왕재산'사건의 비공개 재판이 열린 지난달 23일 서울중앙지법 423호 법정. 왕재산사건 총책 김모(48)씨 등 피고인 5명 앞으로 모 대학 교수 C씨가 증인 신문을 받기 위해 들어섰다. 그는 왕재산 전신(前身) 조직의 멤버였다. 그는 1980년대 후반 김씨 등과 북한의 주체사상 연구 모임에서 활동했고, 이 모임 멤버들이 나중에 왕재산 조직을 만들었다. 그는 왕재산 조직에는 가담하지 않았으나 그들의 활동을 알 수 있는 위치에 있었다. 공안 당국은 작년 8월 왕재산 총책 김씨 등 5명을 구속 기소하고 보강 수사를 하는 과정에서 작년 말 그의 존재를 확인했다. 그는 공안 당국의 설득을 받고 증언을 결심한 것으로 알려졌다. 법원과 공안 당국에 따르면 그는 법정에서 이 같은 사실을 증언한 뒤 "우리가 했던 일을 이제는 밝혀야 한다는 생각으로 법정에 나왔다"며 "1993년 8월 김씨의 지시로 일본을 거쳐 북한으로 들어가 8월 26일 김일성(1994년 7월 사망)을 만나 접견 교시를 받았다"고 말했다. 접견 교시는 김일성이 공작원 등과 직접 만나 지령을 내리는 것이다. (중략) 총책 김씨 등은 검찰에서 묵비권을 행사했고, 재판에선 "증거가 조작됐다"고 주장했다. C씨는 그런 김씨 등을 향해 "묵비권을 행사하는 건 떳떳하지 못하다. 대중에 대한 책임을 다하는 것이 아니다"며 "당신들이 사건이 조작됐다고 몰고 가면 대중에게 (북한에 대한) 또 다른 환상을 심어주는 것"이라고 말했다. 그는 "사건이 조작된 것으로 역사에 남아선 안 된다. 이미 사건화돼 있는 상황에서 당신들이 신념을 갖고 일을 했는지, 아니면 갈등 속에서 일을 했는지 이제는 진실을 밝혀야 한다" 고도 말했다. 그의 증언에 대해 총책 김씨는 반박하지 못했다고 한다.

이어 기사에는 참으로 어이없는 내용이 등장한다.

그는 증언 과정에서 왕재산 사건 변호인인 J씨가 작년 8월 찾아와

"김씨 등이 묵비권을 행사하면서 잘 싸우고 있다"며 "내게도 '(만약 조사를 받게 되면)묵비권을 행사해달라'고 요구했다"고 증언했다. J변호사는 '민변(민주사회를 위한 변호사 모임)' 소속이며, 작년 8월은 공안 당국이 C씨의 존재를 확인하기 넉 달 전이다.

대한민국에서 좌익은 거대한 네트워크로 연결되어 있다. 각 방면에서 활발하게 진지전을 펼친 결과 이제는 제 몫을 다하는 '일꾼'들이 되었다. 총책 김덕용은 2003년 7월 북한 공작조에게 이상관을 정계 상층부에 진입시켜 활동하려는 것에 대해 본부(북)의 승인을 요청한 바 있다. 이상관은 현실 정치의 벽을 넘지 못했다. 그 벽은 다음 주자들에 의해 뚫린다. 2012년 1월 26일 공판에서 검찰은 김덕용에게 무기징역을 선고했다. 이상관, 임순택은 각각 징역 및 자격정지 15년이었다. 2012년 재판부는 김덕용에게 징역 9년과 자격정지 9년을 구형했다. 이상관, 임순택은 징역 및 자격 정지 7년이었다. 나머지 2인은 징역 및 자격정지 5년과 징역 2년에 집행유예 3년이었다. 반국가 단체 구성 혐의는 증거부족으로 무죄를 선고했다. 과정을 보면 그야말로 태산명동 서일필로 끝난 사건이다. 왜 이렇게 헐렁해졌을까. 박진석 기자의 2011년 10월 24일자 중앙일보 기사는 황교안 변호사(현 법무부 장관)의 말을 인용하면서 그 이유를 이렇게 설명한다.

"요즘 종북(從北) 세력이 많아진 건 1991년 국가보안법을 개정할 때

법에 주관적 요건이 추가되면서 예견됐던 현상이다."

국가보안법 전문가인 법무법인 태평양의 황교안(54 · 사법연수원 13기 · 전 부산고검장) 변호사는 23일 최근 국보법 사건이 잇따라 적발되고 있는 것과 관련해 이같이 진단했다. 실제로 북한의 지령을 받아 남한 내 지하당 구축을 시도한 이른바 '왕재산' 사건이 끝나기가 무섭게 검찰과 경찰 등 공안 당국은 120여 개에 달하는 종북 사이트에 대해 집중수사를 벌이고 있다.

황 변호사는 "오래전부터 활약해 온 종북 사이트에 대한 수사가 이제 시작되고 광화문 네거리에서 '김일성 장군 만세'를 외쳐도 처벌이 어려웠던 건 91년 개정된 국보법 조항과 이에 뒤따른 사법 · 수사기관의 과도한 제한 해석 때문"이라고 했다. 그는 "당시 국보법 5~8조에 미국 수정헌법의 정신('명백하고 현존하는 위험의 원칙')과 유사한 조항을 추가했는데 이를 법원이 지나치게 엄히 적용하면서 처벌 대상이 현격히 줄어들었다"고 주장했다.

예를 들어 이적행위를 처벌하는 7조(찬양 · 고무 등) 1항은 노태우 정부 때인 91년 '국가의 존립 · 안전이나 자유민주적 기본질서를 위태롭게 한다는 정을 알면서, 반국가단체나 그 구성원 등의 활동을 찬양 · 고무 · 선전'해야만 처벌토록 바뀌었다. 그 이전에 없던 '~정을 알면서'라는 주관적 요건이 추가됐다는 것이다.

황 변호사는 "이에 따라 이전에는 반국가단체를 찬양하기만 해도 처벌이 됐던 범죄들이 법 개정 이후 국가의 존립을 위태롭게 하는 명백한 '행위'가 있어야만 처벌하는 쪽으로 법원의 판결 경향이 바뀌었다"고 분석했다.

'정을 알면서'라. 그것을 알았는지 어떤지를 대체 어떻게 안다는 말일까. 그리고 행위가 있어야 처벌할 수 있다면 피해를 입은 후에야 처벌이 가능하다는 이야기인데 이토록 소극적이고 방어적인 기준에 안보와 우리의 생명을 맡겨 놓아도 되는지 정말 궁금하다.

4. 통진당, 경기동부연합

–좌익, 드디어 국회 입성에 성공하다

편의상 분리해 설명하긴 했지만 일심회, 실천연대, 왕재산은 실은 같은 책의 이어지는 챕터들이다. 책의 제목은 '남한 현대 좌익 운동사' 쯤 되겠다. 왕재산에 이어 드디어 통합진보당(이하 통진당)과 경기동부연합이 등장한다. 통진당은 2011년 12월에 탄생했다. 민주노동당(이하 민노당)과 국민참여당 및 진보신당 탈당파가 모여 꾸린 당이다. 전반적인 이해를 돕기 위해 민노당의 탄생부터 살펴보자.

민노당은 1997년 민주노총을 기반으로 했던 국민승리21이 그 전신이다. 2000년 1월 30일 자본주의 사회의 질곡을 극복하고 민족 통일국가를 건설한다는 기치를 내걸고 창당했다. 2002년

12월 19일 치러진 제16대 대통령선거에는 권영길이 후보로 출마했다. 1980년, 재선에 도전하는 지미 카터와 맞붙었던 로널드 레이건의 "당신의 경제 사정은 4년 전보다 나아졌습니까?"를 번안한 "살림살이 좀 나아지셨습니까?"로 인기를 끌었고 3.9%의 지지율로 새천년민주당의 노무현, 한나라당의 이회창에 이어 3위를 차지했다. 2004년 4월 15일 치러진 제17대 국회의원 총선거에서는 총 10석을 차지하였으며 2007년 12월 제17대 대통령선거에 권영길이 다시 출마했지만 3.0%의 득표율로 이명박, 정동영, 이회창, 문국현에 이어 5위에 그쳤다. 2008년 1월 12일 대선 패배를 이유로 지도부가 사퇴하고 민중민주 계열(보통 PD라고 부른다)인 심상정을 중심으로 하는 비상대책위원회 체제가 출범한다. 그러나 심상정의 당 혁신안이 부결되면서 심 위원장은 2월 4일 사퇴했고 이어 천영세가 대표 직무대행을 맡는 가운데 심상정, 노회찬 등 민중민주 계열 당원의 상당수가 민주노동당을 탈당하여 진보신당을 창당했다. 이 대목에서 일심회가 등장한다. 비대위 위원장을 맡을 당시 심상정은 한 언론과의 인터뷰에서 "일심회 사건 등 국민들의 의구심을 불러왔던 문제들에 대해 객관적이고 성역 없는 평가로 분명한 매듭을 지을 것"이라며 강력한 의지를 내비쳤다. 그 의지는 구체적으로 사무부총장 최기영과 서울시당 중앙위원 이정훈 등의 제명이었다. 이때 심상정을 밀어낸 것이 범(汎)경기동부연합이다. 범경기동부연합은 경기동부연합과 광주전남연합의 결합체다. 2011년 12월 5일, 민주노동당은 선거를 앞

두고 국민참여당, 새진보통합연대(진보신당 탈당파)와 통합진보당을 출범하겠다고 발표한다. 당직과 대의원 비율은 민노당 55%, 국민참여당 30%, 진보신당 탈당파가 15%로 나눠가졌다. 민노당과 관련된 일심회 간첩 사건과 분당 사태 등으로 인기가 떨어지는 가운데 통진당 공동대표가 된 이정희는 톡톡히 제 역할을 한다(당시에는 지금의 이정희 이미지가 아니었다. 똑똑하고 사리분별이 명확한 차세대 여성 리더의 모델 정도?). 야권연대를 실현하여 무려 13명의 국회의원을 배출하는 어마어마한 성과를 올린 것이다. 그런데 이 모든 일들이 오로지 남한의 운동가들 사이에서 주체적으로 벌어진 일이 아니었다. 또 다른 방식의 '주체적'으로 이루어졌다는 사실을 2012년 5월 18일 조선일보는 보도하고 있다.

북한 대남(對南) 공작 기구인 225국은 간첩단 왕재산의 총책 김덕용 씨에게 2010년 7월부터 작년 5월까지 5차례에 걸쳐 진보정당 통합에 관한 지령을 내렸다. 북은 "민노당이 중심이 되어 여러 갈래 진보 세력을 결집해야 한다"면서 "국민참여당도 한 · 미 FTA 추진 등 노무현 시절 과오들을 공개 반성하면 참여시킬 수 있다"고 했다. 북은 민노당 당권파의 종북(從北) 노선을 비판하며 2008년 민노당을 깨고 나갔던 진보신당에 대해선 "독자 생존이 어려운 실정이므로 강하게 압박하라"고 했다. 특히 '악질 종파주의자'인 노회찬 조승수 등 대표적인 반(反)주사파 정치인들이 "'북의 핵, 인권, 세습을 비판하라' '종북을 성찰하라'고 하면 '진보는 곧 반자주, 반북, 반통일이어야 하는가'란 논리로 강력히 들이대라"고 했다. 북은 또 "(민주당으로부터) 국회 의석을 양보 받고 정책적 담보도 함께 받아내는 야권 연대 방안을 연구하라"며 "(진보당이) 의석을 차지하는 건 국회 무대를 활용해 합법적인 투쟁을 벌이며 정치적으로 장외 민중 투쟁을 엄호하기 위한 것"이라고 했다. (중략) 민노당이 진보신당 탈당파를 끌어들이면서 국민참여당과 통합 논의를 시작해 작년 12월 통합진보당을 결성한 과정을 되돌아보면, 북한이 김씨에게 내린 지령과 그렇게 딱 들어맞을 수가 없다. 통합진보당 구(舊) 당권파 핵심인 이석기 당선자는 언론 인터뷰에서 바로 자신이 국민참여당과 통합하는 논의를 가장 먼저 제기했다고 했다.

북한 노동당 225국의 전신인 대외연락부는 예전에도 민노당 당직 관련 지시를 내린 적이 있었다. 2005년 12월 일심회에 보낸 지령에서 대표와 사무총장, 정책위원장 후보를 지명하고 최고위원회 구성까지 지시했다. 북한의 지령은 "정책위원장으로 경기동부의 이용대를 내세우고 현 문성현 비상대책위원장을 당대표로 하고 김창현을 사무총장으로 밀 것. 상황이 여의치 않으면 문성현을 대표로 내세우고 강병기를 사무총장으로 하는 안도 나쁘지 않음"이었다. 2006년 1월 실시된 민노당 선거 결과, 이용대 후보는 정책위원장에 당선됐고 당 대표 선거에서는 문성현 후보가 1위를 차지했으나 과반을 얻지 못해 2월 경선 대결에서 조승수 후보와 맞대결해 승리를 거두었다. 우연이라고 보기에는 지나치다. 실제로 통진당은 4.11 총선에서 민주통합당과 야권연대를 맺고 후보 단일화를 통해 지역구에서 7명을 당선시켰다. 당시 야권연대 협상 파트너는 한명숙이었다.

경기동부연합은 이 무렵부터 본격적으로 언론에 등장한다. 그런데 시작부터가 별로 아름답지 않은 모습이다. 4.11 총선 서울 관악을 야권후보 단일화 경선 여론조사조작사건을 계기로 음험하게 그 모습을 드러낸 것이다. 세계일보 2012년 3월 27일자 기사다.

4.11총선 서울 관악을 야권후보 단일화 경선 여론조사 조작 사건을 계기로 통합진보당 당권파로 알려진 '경기동부연합'(이하 경기동부)의 실체와 역할에 이목이 쏠리는 것은 기성 정당 문화에서는 찾아보기 힘든 '정파', 또는 '파벌'이 주는 생경함 때문이다. 지난해 9월 옛 민주노동당 정파 갈등의 기원과 종말을 다룬 '파벌'이라는 연구서를 발간한 인하대 정영태 교수는 27일 세계일보와 통화에서 "1991년 창립된 민주주의민족통일전국연합(전국연합)의 지역 조직 중 하나였던 '성남연합'이 옛 민노당에 다른 조직보다 먼저 들어오면서 당 주도권을 놓고 크게 뭉치기 시작했고 언제부터인가 경기동부로 불렸다"고 경기동부의 태동을 설명했다. 2004년 총선을 통해 원내에 진출한 옛 민노당에서는 자주파(NL · 민족해방)와 평등파(PD · 민중민주)가 주도권 다툼을 벌였는데, 자주파를 구성한 4대 세력인 광주 · 전남연합, 울산연합, 경기동부연합, 인천연합 중 나중에 가장 득세한 곳이 경기동부라는 것이다. 정파와 파벌이라는 독특

한 조직문화가 발달한 건 우리나라 민주화 과정에서 좌파 진보정당이 처한 특수상황 때문이다. 정 교수는 "기성 정당의 계파는 이념과 노선이 아니라 친소관계나 이익관계로 만들어지나, 진보정당의 정파와 파벌은 대의명분과 이념 중심으로 구성원이 뭉치면서 만들어진다"고 지적했다. 이 때문에 종교집단 수준 정도로 신념을 중시하기에 당내 갈등 상황에서 '타협'할 여지가 많지 않다는 것이다. 정 교수는 연구서 '파벌'에서 2000년 1월 창당 때부터 2007년 말까지 총 44회에 걸친 민노당 내 파벌 갈등을 분석했다. 상당수가 공직선출을 둘러싼 싸움이었다. 2003년 서울 강동을, 광주시지부, 경기도 의정부갑 지구당에서 집단 입당과 당비 대납 사건 등이, 2007년 총선후보 선출 경선에서는 대리투표와 당비대납 사건 등이 벌어졌다.

여론조작 사건이란 서울 관악을에서 이정희 캠프 측 스텝들이 여론조사 과정에서 지역 내 당원들에게 문자메시지를 보내 연령대별 여론조사 마감 상황을 속보로 전하며 다른 연령대로 대답할 것을 독려한 사실이 드러난 것을 말한다. 사건 직후 이정희는 시민사회 원로들과 민주통합당의 후보 사퇴 압박에도 불구하고 시간을 질질 끈다. 양당 후보 단일화를 중재했던 시민사회 원로들의 모임인 '희망 2013 승리 2012 원탁회의'라는 무시 못 할 어른들의 말씀도 흘려 넘겼다. 민주당에서 "이 대표가 사퇴하지 못하는 건 자신이 속했던 경기동부연합 때문이다. 이 대표가 후보를 사퇴하면 그쪽 계파가 모두 죽어버린다"는 발언이 나왔다. 경기동부연합이라는 이름이 등장하는 순간이다. 조선일보는 2012년 3월 23일자에서 "이정희 출마도 사퇴도… 경기동부연합이 쥐고 있다"는 헤드라인 아래 이를 자세하게 보도했다.

진중권 동양대 교수는 22일 라디오방송에 출연해 이정희 통합진보당 대표 보좌관이 여론조사 경선 조작을 지시한 사건과 관련, "이 대표가 속한 계파(系派)의 조직문화"라고 말했다. 진 교수는 "제가 그 당에 있어봤다. 민주노동당 시절에도 위장전입 등 여러 편법이 많았다"라며 "당시에는 소수 정당의 내부 다툼이어서 공론화되지 않았지만 이번에는 상대가 민주당이다 보니 널리 알려진 것"이라고 했다. '이 대표가 속한 계파'란 통합진보당의 당권을 장악하고 있는 '경기동부연합'을 의미한다고, 복수의 야권 관계자들이 말했다. 과거 민주노동당에 오랫동안 몸담았던 한 관계자는 "'경기동부'는 과거부터 당내 선거에서 위장전입, 여론조사 조작 등의 방법으로 세를 불려 마침내 민노당 구주류를 제치고 당을 장악했다"고 말했다. 이날 인터넷에서는 이 대표가 사퇴를 거부한 것도 이 조직의 '명령' 때문이라는 얘기가 돌았다. '딴지일보 정치부장'으로 알려진 '물뚝심송'이라는 네티즌은 자신의 블로그에 "경기동부가 이번 총선 과정에서 3명의 공동대표보다 더 강한 영향력을 행사했다. 이정희 본인이 사퇴할 수 있을까? 없다. 출마도 사퇴도… 집단의 결정이 머리 위에 있다"고 썼다.

결국 이정희는 23일 사퇴했다. 기사에 등장했던 '물뚝심송'은 이정희가 드디어 당권파의 손아귀에서 벗어나 대중정치인으로 재탄생하는 순간을 보고 있다는 생각에 이정희를 칭찬하는 글을 올렸다. 그는 너무 순진했다. 사퇴 역시 경기동부연합의 주문이었다. 선거가 끝난 뒤 알려진 사실 중의 하나는 당시 이정희에게 천호선의 연락이 왔다는 것이다. 이정희가 출마를 강행한다면 당은 같지만 계파는 다른 천호선이 자신이 대신 책임을 지고 후보사퇴를 하겠다는 것이었고 그것은 이정희의 당선은커녕 당내, 당 외부의 입지 모두가 축소될 수밖에 없는 상황으로 이어지게 되는 것이다. 관악을 사태는 더 황당하게 전개된다. 경기동부연합은 은평을에서 천호선에게 경선에서 패한 이상규를 관악을에 투입했다. 이상규는 은평을 후보경선에서 패한 뒤 천호선 선대위원장을 맡기로 했지만 막상 후보 등록일에는 천호선과 아무런 상의도 없이 관악을에 갑자기 출마했다. 그리고 경기동부연합과 통진당은 선거기간동안에 관악을에 화력을 집중하여 결국 이상규를 당선시켰다. 오히려 은평을의 천호선은 이재오에게 무릎을 꿇었다.

경기동부연합에 불만이 있는 사람이 많았던 모양이다. 이정희의 '비주체적 행보'에 이어 통합진보당의 비례대표 후보 당선 안정권은 전부 경기동부 측 인사들이 독식했다는 말이 흘러나왔다. 남성 최상위인 2번 이석기 후보, 청년비례인 3번 김재연 후보, 전교조 위원장 출신인 4번 정진후 후보 등이 모두 경기동부연합 출신이거나 이들의 지원을 받았다는 얘기였다. 경기동부연합은 통합진보당 내에서도 함부로 입에 담지 않는 '금기어'였다. 진보진영 내부에 정파가 존재한다는 사실 자체가 부담이기 때문이다. 금기를 깬 것은 민주노총 위원장을 지낸 이갑용 전 울산 동구청장이었다. 그는 "경기동부와 울산·인천연합의 패권과 반민주성의 폐해는 어제오늘의 일이 아니지만 문제는 아무도 그것을 말하지 않는 것에 있다"고 폭로했다. 진중권 교수의 말과 다르지 않다. 경기동부연합 이야기가 나오자 이정희는 이렇게 대답했다. "조직의 실체가 무엇인지 알지 못한다." 하긴 그녀는 모르는 게 참 많은 정치인이다. 6·25가 남침인지 북침인지도 모르고 또 뭐 하여간 많다. 이제 경기동부연합을 제대로 파헤쳐 보자. 일단 조선일보 3월 23일자 보도.

야권 관계자들의 말을 종합하면, '경기동부'는 1990년대 최대 운동권 조직인 '전국연합'의 경기동부 지역연합에서 유래했다. 이념적으로는 과거 운동권 내 NL(민족해방)파에 뿌리를 두고 있다. 지역적으로는 경기 성남 · 용인 지역에서 활동한 운동권들이 주축이라고 한다. 출신 학교로는 A대 출신이 많다. 비례대표 2 · 3번을 받은 이석기 · 김재연 후보와 윤원석 전 후보 등이 A대 동문이다. 통합진보당 내에서는 '경기동부'로 분류되는 사람들이 수천명이라고 한다. 이들은 1990년대에 성남 · 용인 지역을 중심으로 노동운동 등을 하다 2000년 민노당 창당 때 합류해 점차 세력을 키워 지금은 당내 주류가 됐다. 통합진보당과 민주노총, 각급 노조, 전농 등을 장악해 각 단체 사무처에 진출한 것으로 알려졌다. 특히

2008년 총선 때 이정희 대표를 영입해 자신들의 대표선수로 키웠다. 이들은 여론조사회사도 경영하고 있으며, 인터넷 매체 '민중의 소리'도 이들과 밀접한 관계가 있는 것으로 알려졌다.

테제(these)라는 단어가 있다. 독일어로 정치적·사회적 운동의 기본 방침이 되는 강령을 뜻한다. 소설이나 드라마 제목으로 자주 쓰이는 이별에 임하는 우리의 '자세' 같은 걸 떠올리시면 되겠다. 원래는 '하나의 계기'를 뜻하는 헤겔 철학의 용어였다. 보통은 정립(定立)이라고 번역되는데 마르크스주의에서는 일정한 전략 · 전술 단계에서 혁명운동의 방향 · 형태 · 슬로건 등을 결정하는 방침을 뜻하는 것으로 바뀌었다. 대표적인 것으로는 레닌의 '4월 테제'가 있다. 레닌은 4월 테제를 통해 소비에트공화국의 건설, 사유재산의 몰락, 토지의 국유화, 군대 관료 경찰제도의 폐지와 같은 주장을 발표했다. 테제를 통해 혁명 운동의 방향을 제시하는 방식은 레닌 이후 세계 각국에 유행처럼 번졌다. 남한 좌익 운동사에서는 1945년 8월 20일 발표한 박헌영의 33페이지짜리 팸플릿 '8월 테제'(정식 제목은 현 정세와 우리의 임무)가 유명하다. 이 테제가 2001년 한국사회에 다시 등장한다. 9월 테제, 이른바 '군자산의 약속'이다. 군자(君子)와는 무관한 이 9월 테제는 전국연합이 충북 괴산 군자산에서 모여 결의한 내용을 말한다. "3년 내에 광범위한 대중 조직화를 통해 민족민주정당을 건설"하고 "10년 내에 '자주적 민주정부 및 연방통일조국'을 건설하겠다" 는 것이 그

골자다. 10년 내에 대한민국의 정치권력을 장악하겠다는 얘기인데 이를 위해 민주노총, 정당을 포괄하고 모든 지역에 조직을 갖고 있어야 한다고 결의했다. 중간(중도)층 포섭을 위해 시민단체를 활용해야 한다는 이야기도 나왔다. 일부 옮기자면

"통일전선운동의 꽃은 중간층과의 사업이다. 변혁의 성패는 중간층을 누가 전취하느냐에 달려 있다… 따라서 시민단체의 역할을 끊임없이 높여가야 한다."

지하당 건설 사업의 시대가 끝나고 지상당 건설 사업이 시작된다. 북쪽에 본점이 있는데 뭣하러 했던 시각이 달라졌다. NL계열들은 대거 민주노동당에 입당, 기존 PD계열들이 장악하고 있던 민노당 조직들을 하나하나 '접수'해 나갔다. 결국 2004년 5월 민노당 전당대회에서 심상정, 노회찬 등 범PD계를 누르고 당권을 장악한다. 이때 인천, 서울, 경기 등 수도권을 중심으로 위장전입, 당비 대납, 불법 지구당 창당 등의 문제가 불거졌다. 대표적인 것이 용산사태다. NL 계열은 당시 용산지구당의 당원 수를 정확히 파악한 뒤 그보다 많은 숫자를 인천 등에서 이곳으로 전입시켰다. 그리고 지구당위원장 선거를 요구했고 지구당을 장악했다. 나중에 주소지를 보니 집 한 채에 수십 명, 조그만 방 하나에 십여 명이 살고 있는 것으로 되어있었다. 나중에 위장전입 사실이 드러나면서 지도부가 사퇴했다. 경기동부연합이 뜨면서 민

혁당(민족민주혁명당) 사건도 다시 주목을 받기 시작했다. 민혁당은 민족해방(NL) 계열 주체사상파의 대부로 알려진 김영환이 1992년 북한의 지령을 받아 결성한 지하조직(반국가단체)으로 1999년 적발됐다. 중앙일보 2012년 3월 29일자 기사다.

전국대학생대표자협의회(전대협) 소속 운동권 출신인 새누리당 하태경(부산 해운대-기장을) 후보가 28일 "민주노동당(통합진보당의 전신) 내부에 북한과 직접 연결된 지하조직인 민혁당이 존재했다"고 주장했다. '경기동부연합'에 이어 통합진보당 내 또 다른 좌파그룹에 관한 의혹을 추가로 제기한 것이다. 하 후보는 이날 라디오 인터뷰에서 "일심회 사건(2006년)에서 보듯 민노당 내부에는 북한과 직접 연결된 지하조직이 존재했고 그 사례는 (통합진보당) 비례대표 2번을 받은 이석기 후보"라고 실명을 거론했다. 그러면서 "이 후보는 지하조직 민혁당의 경기남부위원장 출신으로 (당시) 서열 5위 안에 드는 핵심 고위직이었다"며 "(통합진보당) 후보 중에는 과거 북한과 연결된 지하조직원으로 활동한 분이 5명 이상 된다"고도 했다. (중략) 당시 이석기 후보는 국가보안법 위반 혐의로 구속돼 2년6개월의 실형을 선고받았다. 같은 당 이의엽 선거대책본부장도 민혁당 사건, 김창현(울산 북구) 후보는 99년 영남위원회(이적단체) 사건으로 유죄가 확정됐었다. 서울대 물리학과 86학번인 하 후보는 전대협의 핵심조직인 조국통일위원회 간부로 일하다 두 차례 투옥된 적이 있다. 한국외대 중국어학과 82학번인 이석기 후보와 같은 조직에 몸담진 않았으나 민혁당과 조국통일위원회는 모두 NL계가 주도한 것으로 알려졌다.

하태경에 이어 과거 민혁당 관련 활동을 했던 남북청년행동 사무처장 허현준이 가세했다. 그는 경기동부연합은 빈껍데기라며 몸통은 김일성 주체사상을 신봉하고 대한민국 체제를 전복하려 했던 민족민주혁명당(민혁당) 잔존 세력들이라고 밝혔다. 와해됐지만 인자가 소멸한 것은 아니라는 얘기다. 4·11 총선에서 통진당 간판으로 국회의원에 당선되거나 당내 주요 보직을 맡고 있는 인사들 가운데 민혁당 관련자는 국회의원 당선자 2명, 야권 단일 후보자 1명 그리고 핵심 당직자 2명이었다. 비례대표 2번 이석기는 민혁당 사건으로 2003년 서울고등법원에서 징역 2년 6개월의 실형을 선고받았고 약 3년간 도망 다니다 체포됐다. 이후 서울고법 판결 후 5개월 만인 그해 8월 노무현 정부의 특별사면으로 가석방됐다. 민혁당 창당 시 그는 경기남부위원회 위원장이었다. 이정희 통진당 대표를 대신해 서울 관악을에 출마한 이상규 당선자도 1992년 민혁당 창당 당시 참여해 '수도남부지역사업부'를 이끌었다. 야권 단일후보로 울산 북구에 출마한 김창현 후보는 1999년 울산 동구청장 재직 당시 드러난 반국가단체인 '영남위원회' 사건으로 징역 2년을 선고받았다. 영남위원회는 민혁당 산하 조직이었다. 같은 영남위원회 사건으로 징역 7년을 선고받았던 박경순 씨는 현재 통진당의 '싱크탱크' 역할을 하는 진보정책연구원 부원장을 맡고 있다. 대표적 기획통으로 꼽히며 총선에서 공동선거대책본부장을 맡은 이의엽 전략기획위원장은 민혁당 사건(반국가단체 구성 등 혐의)으로 2000년 검거돼 징역 2년 6개월의 실형을 선고받았다. 허현준은 민혁당 전북위원회 소속이었다.

통진당의 이상한 행태도 사람들의 주목을 끌었다. 2012년 5월 4일과 5일 국회에서 열린 전국운영위원회의에서는 운영위원들이 발언 신청을 하거나 투표를 할 때 말없이 이름이 크게 적힌 운영위원증을 높이 들어 올렸다. 저거 어디서 많이 보던 건데 갸우뚱하던 국민들은 실소를 터트렸다. 북한 노동당이나 중국 공산당이 주요 회의에서 거수 대신 당원증을 들어 의사표시를 하는 것과 유사했다. 혹자는 무도장에서 웨이터를 부를 때 하는 방식의 변형이라고 설명하기도 했다. 그 외에도 당권파 핵심 인사들이 발언할 때마다 지지 당원들은 마치 약속한 듯 팔을 높이 들어 열정적으로 집단 박수를 쳤는데 이것도 북쪽 방송에서 많이 보던 장면이다. 용어도 그들만의 별천지였다. '통일전선', '척탄병', '세작질(간첩질)' 같은 주사파들이 즐겨 쓰던 용어가 쉬지 않고 쏟아져 나왔다. 심정은 이해가 간다. 그 얼마나 학수고대하던 국회입성이던가. 국회 안에서 기분도 내고 싶었을 것이다. 혁명운동에서 기회주의는 조금 다르게 정의된다. '눈앞의 이익을 위해 운동의 미래를 포기하는 것'. 통진당이 딱 그랬다. 조금만 인내하면서 전술 구사를 계획했더라면 그런 이상한 짓을 해서 눈길을 자극하지는 않았을 것이다. 그러나 이들의 진짜 해괴한 의례 행태는 따로 있었다. 2012년 5월 7일 조선일보 기사다.

진보당은 지난 1월 창당대회 때 국기에 대한 경례만 했을 뿐 애국가를 부르지 않았다. 대신 운동가인 '임을 위한 행진곡'을 불렀다. 4일 전국운영위원회의에선 국민의례를 아예 생략했다. 진보당은 2000년 민노당 창당 이후 국민의례 대신 운동권 인사(선배열사)들에 대한 묵념과 운동가를 부르는 민중의례를 해왔다. 지난 1월 창당 과정에서 국민참여당 측이 "정권을 잡겠다는 정당이 국민의례를 하지 않는 것은 말이 안 된다"고 주장, 겨우 국기에 대한 경례만 수용했다. 국민참여당 출신의 한 핵심인사는 "당을 장악한 당권파는 국가가 민중을 탄압하는 도구라거나 남한 정부를 합법적으로 인정할 수 없다는 과거의 생각을 그대로 갖고 있는 것 같다"고 했다. 진보당 당권파의 핵심으로 비례대표 사퇴 논란의 중심에 서 있는 이석기 당선자가 뒤로 빠진 채 모습을 보이지 않는 것도 1980년대식 운동권 문화와 무관치 않다는 지적이다. 비주류 측은 "이 당선자 대신 대리인인 이정희 대표와 비례대표 3번인 김재연 당선자를 내세워 몸통을 보호하려 한다"고 했다.

80년대 학교를 다닌 사람들은 다 안다. 학회 따위를 할 때마다 위원장들은 이렇게 말했다. "국민의례는 생략하고 애국가는 적기가로 대치한다." 재밌다고 킥킥대며 다들 그러고 놀았다. 정말 놀고 있었다. 그런데 이제는 그렇게 안 논다. 사람들이 놀린다. 하는 사람도 재미없다. 그러나 통진당 사람들에게 여전히 재미있나. 사진을 보면 표정이 굳어있는 것으로 미루어 재미있지는 않아 보인다. 관성인가. 습관인가. 오기인가. 병인가. 아 정말 추측

어렵다. 법원 판결문에서 드러난, 일심회가 북에 보낸 보고서에는 경기동부연합이 15차례나 등장한다. 동아일보 2012년 5월 7일자 보도다.

서울중앙지법의 1심 판결문(2007년 4월 16일 선고)에 따르면 일심회 총책인 장 마이클(장민호)과 조직원 손정목 등이 작성해 북한에 넘긴 보고서에는 '경기동부연합' 또는 '경기동부'란 용어가 15차례 등장한다. 일심회 사건 수사는 2006년에 이뤄졌다. "경기동부연합은 이미 10년 전 해체된 조직"이라는 당권파의 해명과 달리 최소한 2006년까지는 조직이 존재했다는 얘기다. 판결문에 나오는 보고서에는 녹색연합 사무처장을 지낸 통진당 비례대표 5번 김제남 당선자와 서울 관악을의 이상규 당선자에 대한 언급도 있다.

총책인 장 마이클이 북한 공작원과 주고 받은 문건의 내용을 요약하면 대충 이렇다.

＊경기동부연합 : 200명의 활동가가 해마다 산행을 하며 동지애를 다지고 있는데, 이를 산악회로 전환해 운영할 수 있다. 경기동부는 이용대(2006년 당시 민노당 정책위원장)를 가끔 '수령'으로 묘사한다. 민노당 당직 선거는 지시 내용대로 관철시켜야 한다. 특히 당의 정책 작성 부문은 우리 기본 과업인 만큼 당직 선거를 계기로 당 정책위를 완전 장악하도록 해야 한다. 정책위원장으로는

경기동부의 이용대를 내세우고 그 밑에 우리의 영향하에 있는 사람들을 박아 넣도록 하는 것이 좋을 것 같다.

*김0남 : 2001년 1월 서울에서 이진강(일심회 조직원)으로부터 김0남 등 시민단체 내의 조직원 포섭에 대한 보고와 함께 2002년(주체 91년) 신년을 맞아 김정일에게 충성의 신년 인사와 함께 김정일의 권위와 업적을 찬양하고 반미자주화 통일 투쟁에 진력할 것을 다짐하는 내용의 충성 결의문을 받았다. 김0남은 2002년 초 이진강 동지의 지도에 따라 자신의 과업을 반미투쟁의 일상화, 대중화, 생활화로 설정하고 순례단을 이끌고 미군기지 지역을 순례했다. 이진강을 만나 중국 방문 시 북한 공작원으로부터 지령받은 내용대로 김0남에게 장군님의 위대성 교양, 백두산 삼대장군 사상 등을 집중 교양시키도록 지시했다. 2005년 11월 서울에서 이진강으로부터 '백두회'를 결성했다는 내용의 문건이 저장된 플로피 디스켓을 건네받았다. 이진강이 김0남과 함께 시민단체 내 김정일의 영도를 실현하기 위해 한민전의 강령을 따르는 백두회를 결성했다는 내용이다. 조직에서는 김0남 동지를 통해 미제의 핵 잠수함 로스앤젤레스호가 남조선 진해항에 입항한다는 정보를 보고받았다.

*이0규 : 서울시당 당직선거에 '자주평등 기치 아래' 노동자 출신 후보를 진출시키기로 하고, 사무처장에 이0규 등을 출마시

키기로 했다. 이정훈(일심회 조직원 · 당시 민노당 중앙위원)으로 하여금 2006년 3월 2일 중국 베이징 시 차오양 구 소재 상성호텔에서 북한 공작원 김모 지도원 등을 만나 '민노당 서울시당 내에 소위 위대한 장군님의 영도를 실현하는 데 있어 이O규의 포섭 문제' 등을 지시받았다. 이O규 등과의 관계를 발전시켜 장군님의 유일적 영도 체계를 강화해야 한다(이O규 당선자는 전 민노당 서울시당위원장임).

비례대표들의 면면도 화려하다. 2012년 5월 9일 조선일보 보도다.

부정선거 사태로 홍역을 앓고 있는 통합진보당의 비례대표 후보 20명 중 보안법 또는 시국사건 관련 전과가 있는 사람만 11명인 것으로 선관위 자료에서 나타났다. 그러나 선관위 자료에 나타나지 않는 사람 가운데 13년이나 복역한 사람도 있었다. 비례대표 18번 강종헌 후보자는 재일동포 출신이다. 그는 지난 5일 진보당 전국운영위원회 의결사항대로 비례선거에 참여한 14명의 후보자가 모두 사퇴할 경우 '가카 빅엿' 발언을 했던 서기호 전 판사와 함께 의원직을 승계하게 된다. 강 후보는 1975년 서울대 의대에 유학 와 있는 동안 '재일동포 유학생 간첩단 사건'에 연루돼 사형을 선고받은 뒤 13년을 복역하고 석방됐다. 그는 대법원이 반국가단체로 판명한 재일한국민주통일연합(한통련) 조국통일위원장을 지냈고, 역시 이적단체로 분류되는 범민련 해외본부 사무처장을 지냈다. 강 후보는 '진실화해를 위한 과거사 정리위원회'의 결정에 따라 2010년 말 서울고법에 재심을 청구한 상태다. 그는 그러나 선관위 자료에 '전과'가 없는 것으로 나온다. 15번 황선 후보자는 2005년 '통일연대'의 대변인을 지냈다. 통일연대는 '국가보안법 철폐, 주한미군 철수, 연방제 통일' 등을 주장하는 단체다. 3일 부정선거 책임을 지고 비례직을 사퇴한 1번 윤금순 후보자가 공동대표로 활동했으며, 인천 맥아더 동상 철거를 주장한 단체이기도 하다. 황 후보자는 범청학련 남측본부 대변인 출신이다. 이 단체는 김정일을 가리켜 "7000만을 재결합할 민족지도자" "구국의 영웅" 등으로 불렀던 적이 있다. 그는 1998년 덕성여대 재학 중 한총련 대표로 방북해 통일대축전에 참가했다 국보법 위반 혐의로 이듬해 징역 2년, 자격정지 2년을 선고받았다. 황 후보자는 2005년 방북해 조선노동당 창건 60주년인 10월 10일 평양에서 제왕절개 수술로 둘째딸을 출산해 '원정출산' 논란을 빚기도 했다. 청년 비례대표로 당 전국운영위원회의의 사퇴 권고를 거부한 3번 김재연 당선자는 한국외대 러시아어과 99학번으로 한총련 대의원으로 활동했다. 2004년 국가보안법 폐지를 촉구하는 국회 기습시위를 주도해 징역 1년, 집행유예 2년을 받았다. '가카빅엿'으로 유명한 14번 서기호 후보는 서울대 공법학과 재학 시절 집회에 나갔다가 집시법 위반으로 실형을 살았다고 언론 인터뷰에서 밝힌 적이 있다. 참여연대 협동사무처장 출신으로 2008년 촛불집회 광우병대책위원회공동상황실장을 맡은 6번 박원석 당선자는 동국대 사회학과에 재학 중이던 1990년 화염병 시위를 하다 구속돼 징역 1년 집행유예 2년을 선고받았고, 열린우리당 · 국민참여당 정책위원장, 민주노총 정책국장 출신의 10번 노항래 후보자 등도 집시법 위반 전과를 가지고 있다.

고질병인 모양이다. 원하는 것, 필요한 것이 있으면 수단 방법 가리지 않는 병, 그리고 하나도 부끄러워하지 않는 병. 통진당은 비례대표 선출을 위한 경선과정에서의 대규모 부정시비에 휘말린다. 통진당이 5월 3일 전격 공개한 비례대표 경선 부정 사례는 상식을 넘어선다. 당 홈페이지를 통해 공개된 비례대표 선거 진상조사 보고서는 이렇다. 보고서는 일단 사전에 투표 시스템에 대한 신뢰성 검증이 전혀 이뤄지지 않았다고 지적했다. 여러 차례에 걸쳐 불필요하게 시스템에 접근해 조작 시비를 자초했고 관리지침이 부재했으며 지휘체계가 실종됐다는 설명이다. 구체적인 사례를 보면 이걸 선거라고 봐야 하나 고민이 생길 지경이다. 그래도 한번 들쳐보자.

*3월 14일 투표 중단 사태가 발생해 이를 수정했고 14일과 16일, 17일에는 투표 현황 모니터링 시스템을 개발하거나 시스템상 후보자 구분을 명확히 한다는 이유로 시스템을 열어 소스코드(프로그램)를 수정했다.

*투표 결과를 집계하는 과정에서 오류가 발생해 기권자 수가 417명인데도 269명으로 산출됐고 차이가 나는 148명은 각 후보자의 득표수에 가산됐다.

*조사위가 샘플 조사를 실시한 투표자 가운데 일부가 당원이 아니거나 당원이어도 투표를 하지 않았는데 투표자로 이름이 올랐다. 구체적으로 보면 전체 65명의 조사 대상자 가운데 7명은 당원이 아니라고 답했고 12명은 투표를 하지 않았는데 온라인 투표자로 이름이 올랐다. 투표 방식에 대한 질문에서는 7명이 '기억이 나지 않는다' 고 답했고 2명은 가족이 투표를 해줬다는 어처구니없는 답변을 했다.

*총 218개 투표소 가운데 7개 투표소에서 투표인 숫자와 투표함에 있는 투표용지 숫자가 일치하지 않는 문제가 발생해 무효처리됐다. 다른 필기구를 사용해 서명을 수정했거나 동일인인데 글씨체가 현격한 차이가 나는 경우 그리고 대리서명이 의심되거나 다른 이름으로 서명이 된 투표소가 61개에 달했다.

*11개 광역시도당 투표소에서는 현장 투표자 수가 일치하지 않았고 12개 투표소에서는 투표관리자 서명이 없는 투표용지를 유효 처리했으며 무효표를 유효처리한 투표소도 8개에 달했다. 한 명의 선관위원이 단독으로 개표작업을 한 투표소도 8개였고 현장투표 집계결과 오류가 발생한 투표소도 3개였으며, 선거인수와 투표용지가 불일치한 투표소도 3개였다.

지친다.

정말이지 끝이 없다. 선거 마감일인 3월 18일에는 현장투표자수가 4천853명이라고 발표했으나 최종결과 발표일인 3월 21일에는 5천455명으로 집계돼 투표자수도 602명의 차이가 났다. 이러한 환상적인 과정을 거친 투표 결과 이석기는 통진당의 비례대표 경선에서 27%로 1위를 차지했다. 부정선거 진상조사 위원회는 이석기에 투표한 IP 60%이상이 중복투표였으며 소스코드가 개방된 직후 이석기 후보의 득표가 73% 몰리는 비정상 상황이 연출되었음을 밝혔다. 부정의혹이 당 진상조사위원회에서 구체적인 사실로 입증됨에 따라 이석기의 경선 1위가 통합진보당 내 특정계파의 개입과 주도에 의한 조직적인 표몰이가 있었다는 의혹이 제기됐고 경선과정 자체가 부정이었던 만큼 경선과정에서 선출된 비례대표 국회의원은 총사퇴시켜야한다는 것이 통합진보당의 공식입장이 되었다. 이석기를 비롯한 당권파는 재조사를 촉구하며 완강히 거부했다. 여론조사에 따르면 국민의 대다수가 이석기의 사퇴를 원하고 있음에도 불구하고 이석기는 인터뷰에서 국민은 이석기의 사퇴를 원하지 않으며 이석기 사퇴 운동은 야당연대를 음모하려는 수구세력의 공격이라고 반박했다. 반박의 논리는 선거와 막상막하로 황당하기 짝이 없다. 이석기는 TV방송에서 나와 진상조사위원회의 결과발표에 대해 이런 어록을 남겼다.

이석기 : 일부 부실이나 부정은 있을 수 있다. 그러나 이는 전체 선거를 부정할 만큼의 사안이 아니다. 그런데도 이번 경선을 총체적 부정선

거로 매도하는 것은 정치적인 폭력이다. 그리고 총체적부실은 70% 이상일 때 써야한다.

70%!!!! 도덕불감증을 넘어 아예 도덕 실종 상황이다. 이석기 사퇴에 관한 방안이 의논되던 당 회의에서 당권파가 폭력을 휘두르는 사건이 발생한다. 이석기는 당권파의 폭력사태에 관해 먼저 비당권파가 폭력을 부추긴 게 문제라고 옹호했다. 때려 봐, 했다는 얘기인데 그런다고 정말 때리는 건 아이들이나 하는 짓이다. 통합진보당은 비례 1번을 여성명부 1위에게 할당했으나 당사자인 윤금순 당선자는 경선 부정사태와 관련해서 사퇴 의사를 밝혔다. 그러나 이석기는 당원 총투표를 하지 않는다면 물러날 수 없다는 뜻을 밝혔고 김재연 역시 '청년비례 경선에는 부정이 없었다'며 사퇴불가 입장을 취하는 가운데 둘은 의원등록을 마쳤다. 2012년 5월 16일자 동아일보 보도다,

통합진보당이 '사퇴하라'고 공식 결정한 비례대표 2번 이석기, 3번 김재연 당선자가 이미 19대 국회의원 등록을 마친 것으로 드러났다. 국회 종합지원실은 15일 "심상정 당선자를 제외한 통합진보당 당선자 전원이 의원 등록을 이미 마쳤다"고 밝혔다. 통진당에 따르면 이, 김 당선자는 지난달 17, 24일 각각 등록했다. 이 당선자는 이청호 통진당 부산 금정위원장이 지난달 18일 비례대표 부정경선 의혹을 처음 터뜨리기 하루 전에 등록했다. 당 중앙위원회가 최근 전자투표를 통해 '경쟁부문 비례대

표 후보의 총사퇴' 안건을 통과시켰지만 당사자들은 벌써부터 '의원 되는 절차'를 착착 진행해온 것이다. 두 사람은 19대 국회가 출범하는 30일 전까지 스스로 사퇴하거나 탈당하지 않으면 국회의원으로서 회기 중 불체포특권, 면책특권 등의 혜택을 누리며 세비를 받게 된다.

이석기는 당선자 신분을 획득한 후 방송 인터뷰 등을 통해 연달아 명언들을 쏟아낸다.

"나에 대해 종북 운운하는데 종미(從美)가 더 문제."

"전 세계 어느 나라에도 100% 완벽한 선거는 없다."

"부정이 70%, 50%는 돼야 총체적 부정, 부실로 표현할 수 있다."

"(사퇴 여부에 대해)분명한 것은 제가 비례대표 경선에서 당원들의 압도적 지지를 받았다는 것, 이것이 팩트다."

종미라. 새로운 단어를 만드셨다. 부정이 최소 50%는 되어야 총체적 부정, 부실로 표현할 수 있다는 발언에서는 인터뷰어가 말을 잃을 지경이었다. 종북에 대한 이들의 생각은 한 방송국 토론회에서 한 이상규의 발언을 통해 충분히 짐작해볼 수 있다. 2012년 5월 22일에 있었던 MBC '생방송 100분 토론'을 재현해봤다.

시민논객 : 사태의 원인이 당권파의 종북주의가 아닌가 하는

국민들의 의문이 있다. 북한 인권, 3대 세습, 북핵에 대해 이상규 당선인의 입장을, '종북보다 종미가 문제다'라는 식의 말 돌리기가 아닌 정확한 입장을 말해 달라.

이상규 : 종북이란 말이 횡행하는 것에 대해 아직도 군사독재 시대의 색깔론이 재연되고 있다는 점이 유감이다. 양심의 자유를 옥죄어 가고 있다. (평양에 갔을 때) 콘크리트에 색칠을 안 해서 굉장히 회색빛이었다. 남쪽에서 살아온 제가 보기에는 굉장히 충격적이었다. 술은 좋은 편인데 술병을 기울이거나 거꾸로 들어보면 샌다. 병뚜껑 기술이 정교하게 돼 있지 못한 거다. 북한을 있는 그대로 보는 것이 필요하고 북에 대해 동포애적 관점, 그리고 통일의 상대방으로서 협력과 교류를 해야 할 대상으로 바라보는 기초 속에서…

시민논객 : 말을 돌리고 계신데 정확한 입장을 말해주면 감사하겠다.

이상규 : 북을 연대와 통일의 대상으로 보는 기초 위에서…

진중권 : (끼어들며) 한 개인에 대해서 당신 주사파냐고 묻는 건 실례다. 하지만 의원은 자신의 이념과 정책을 뚜렷이 밝히고 유권자를 대변해야 한다.

사회자 : 시민논객의 3대 세습 · 인권 · 핵 문제에 대해 답변을 유보하는 건가.

이상규 : 이분법적으로 가고 있기 때문에 질문 자체가 옳지 않다고 보는 것이다.

시민논객 : 유권자로서 당연한 권리고, 전 국민이 궁금해 하는 사안이다.

이상규 : …

이상규는 끝까지 답을 하지 않았다. 그의 말 중 "북한을 있는 그대로 보는 것이 필요하고 북에 대해 동포애적 관점, 그리고 통일의 상대방으로서 협력과 교류를 해야 할 대상으로 바라보는 기초 속에서…" 이건 아무리 반복해서 읽어도 무슨 말인지 모르겠다. 혹시나 해서(바람직한 방식은 아니나 교육 수준이 너무 낮으면 자신의 의지를 말로 설명하지 못 할 수도 있으니까) 이상규의 프로필을 뒤져봤다. 서울대 법대였다.

이와 관련 중앙일보는 2012년 5월 24일 재미있는 기사를 실었다.

북한에 대한 입장 표명 요구와 이에 대한 답변 회피. 종북(從北) 의혹을 제기하는 쪽과 받는 쪽 사이에 끝없이 반복되는 일이다. 지난 11일 tvN '백지연의 피플인사이드'에 출연했던 이석기 당선인도 흡사한 발언을 했다. 백씨가 세습 · 인권 · 핵 문제에 대해 질문하자 그는 "선과 악의 이분법적 문제로 봐선 안 되고 화해와 협력의 차원에서 봐야 한다"고 했다. 이상규 당선인은 세습과 관련된 질문에 "북을 있는 그대로 보자"고 했고, 이석기 당선인은 "북한의 시선으로 이해해야 한다"고 했다. (중략) 한편 귀순 간첩 김동식(47)씨는 최근 "90년대 초반 북한 당국이 남한 지하당에 '북한의 경제난을 포함해 일반적인 것은 비판해도 좋다. 그러나 부자 세습 · 주체사상 · 정치체제 · 북한 인권 · 북한 지도자 등 5개 금기는 절대 비판하지 말라'는 지령을 내렸다"고 증언했다. 이 가이드라인은 북한의 대남 공작기구인 225국이 간첩단 왕재산의 총책 김덕용(49)에게 보낸 지침에도 담겨 있다. 지금껏 통합진보당 당권파의 어느 누구도 북한의 세습 · 인권 · 핵을 거론하지 않았다. 이날 토론자로 참석한 진보신당 김종철 부대표는 "이정희 대표도 '3대 세습에 대해 발언하지 않는 것이 나의 신념이다'고 해서 많은 이들의 의문을 샀다"고 지적했다.

김재연은 "북한 인권을 들먹이는 이유가 뭔지 모르겠다"고 했다. 마지막으로 이들의 자금 관련 문제를 짚어보자. 기분 상하는 건 이들이 국민의 세금으로 그 활동을 해 왔으며 앞으로도 해 나갈 것이라는 사실이다. 2012년 5월 19일 조선일보 기사다.

진보당이 선관위에 신고한 지난해 수입 지출 보고서에 따르면, 진보당은 작년에 국고보조금 26억원, 선관위 기탁금 5억4000만원을 받았다. 여기에 당원들에게서 걷은 당비 79억원을 합치면 총수입이 151억원이나 된다. 새누리당이 당비로 108억원, 민주통합당은 76억원을 걷었다. 진보당은 2008년 77억원, 2009년 78억원, 2010년 77억원을 순전히 당비로만 꾸준히 걷고 있다. 진보당의 돈 관리는 최근 6년간 사무총장을 독식한 경기동부연합 등 구당권파가 도맡아왔다. 지난해 회계책임자는 백승우 사무부총장이었고, 2010년에는 장원섭 당시 사무총장이 맡았다. 사무총국 내 회계 · 재정을 총괄하는 총무실과 당원 명부를 관리하는 조직실은 구당권파 외에는 일체의 접근이 허용되지 않았다는 게 신당권파 측의 주장이다.

진보당 총무실은 경기동부연합의 실세인 이석기 당선자가 만든 CNP 전략그룹과 꾸준히 거래했다. (중략) 지방선거가 있던 2010년 민노당은 CNP전략그룹과 4건에 총 9,336만원을 집행했고, 시 · 도당과의 계약금액을 합하면 3억원에 달했다. 이번에 문제가 된 비례대표 온라인 투표의 서버 업체와 2,000여만원으로 수의계약을 맺은 곳도 사무총국 총무실이다. (중략) 민주노동당의 2011년 2분기 자체 회계감사에 따르면 사무총국의 경우 "출장비 지출 규모가 매우 크다. 연간 예산 한도를 이미 초과"라고 지적돼 있다. 4분기 감사 총평에는 "당에서 진행하는 업체와 계약 시 대부분 수의계약으로 이루어지고 있는 상황"이라며 "객관적이고 투명한 계약이 이루어질 수 있도록 공개경쟁 입찰 기준을 마련할 것을 권고한다"고 돼 있다. 한편 다른 정당이 당 사무를 보는 기구를 '사무처'라 부르는 것과 달리 사무총국이라는 용어를 쓰는 것도 '총국'이란 단어를 즐겨 쓰는 북한 용어의 영향을 받은 것 아니냐는 지적이 나오고 있다.

(주)CNP에 대해 조금만 더 알아보자. 주간경향 976호(2012년 5월 22일) 기사다.

이석기 통합진보당 당선자에게 여론의 시선이 쏠리면서 자연스레 그가 대표로 재직했던 CNP전략그룹에 대한 관심도 높아지고 있다. (중략)

기업정보 전문기업인 나이스디앤비에 따르면, CNP전략그룹의 연간 매출액은 30억 원 수준으로, 2007년에는 32억5200여만 원, 2008년 27억 2400여만 원, 2009년에는 25억4800여만 원을 기록했다. 연도별 순이익은 각각 1억1000여만 원, 9600여만 원, 1억2800여만 원이었다. 2011년 12월 기준 종업원 수는 18명이다. 회사의 지분구조는 전체 5만주 중 이당선자가 4만9999주, 금영재 현 대표가 1주를 소유하고 있다. 금 대표는 이 당선자의 한국외대 용인캠퍼스 후배로 알려져 있다.

2005년 2월 설립된 CNP전략그룹은 초기에 대학 학생회 사업, 통일운동 단체 관련 사업을 맡았다. 2005년에는 고려대학교 1, 2학기 졸업앨범을 제작했다. 2007년부터 CNP는 본격적인 선거 관련 사업을 시작하게 된다. 2007년에는 권영길 민주노동당 대선 후보의 선거기획을 맡았고, 2009년에는 김상곤 경기도교육감 후보의 광고대행과 홍보영상차량을 제작했다.

2010년 지방선거는 CNP전략그룹의 활동이 가장 활발했던 시기다. CNP는 곽노현 서울교육감, 장만채 전남교육감(2006년 10월부터 순천대 총장으로 재직), 장휘국 광주교육감의 공보물, 공약서, 벽보, 길거리 현수막 등을 제작했고, 세 후보 모두 교육감에 당선됐다. (중략) 김미희 후보와의 단일화로 야권연대 성남시장 후보가 된 이재명 민주당 후보의 공약서와 명함 등도 CNP에서 제작했다. (중략) CNP는 민주노동당의 선거기획뿐만 아니라, 당 10주년 기념광고, 노무현 대통령 추모 호외 등도 담당했다.

2008년부터 2010년 사이에는 민주노총과 산하 노조의 지하철, 신문, 버스광고, 노조 선거 홍보물 등을 20여건 수주했다. (중략) 민주노동당 학생당원 출신인 한 통합진보당 비당권파 인사는 CNP전략그룹과 CNP의 계열사인 사회동향연구소에서 민주노동당 학생당원들이 일한 사례가 있다고 말했다.

기사로 알 수 있듯 (주)CNP는 이석기가 개발한 수익 모델이다. 합법적인 공간에서 이른 바 진보라고 불리는 사람들의 정치활동을 지원하는 방식으로 자금을 만드는 것이다. 북한의 기술을 전수받아 수익을 내던 과거의 모델에서 한 차원 더 발전했다. 이념 공동체인 동시에 생활 공동체가 된 것이다. 이념은 생계가 되었다. 바꿔 말하면 이념을 버리면 '밥'을 잃게 되는 것이다. 그러니까 (주)CNP 직원들은 회사원인 동시에 조직원인 것이다.

2013년 8월 28일 대한민국 국가정보원과 수원지방검찰청 공안부는 이석기 의원의 사무실과 자택에 대해 형법상 내란예비음모 혐의 및 국가보안법 위반 혐의로 압수수색을 실시했다. 국회의원 신분이기 때문에 체포영장은 청구되지 않았으나 신체를 포함한 압수수색 영장은 발부되었다. 국가정보원과 수원지방검찰청 공안부는 이석기 등 경기동부연합 계열 활동가들이 지난 5월 서울의 한 종교 시설에서 모임을 갖고 통신시설과 유류시설 파괴를 모의했으며 이석기는 2004년 산악회 형식의 지하혁명조직

RO(Revolutionary Organization)를 결성한 것으로 보고 있다. 9월 2일 정부는 이석기에 대한 체포동의요구서를 국회에 제출한다. 2013년 5월 'RO모임' 녹취록 요약본을 최초 보도한 한국일보는 9월 2일, 3일 양일간 RO모임 녹취록 전체를 신문에 게재했다. 9월 4일 오후 3시 국회의원들의 과반수 찬성으로 체포동의안이 가결되었다. 9월 5일 오후 7시 30분 경 구속영장이 발부되었고 이석기는 수원구치소에 수감되었다.

5. RO, 석기시대의 종말

공개적으로 '적'들이 치고 들어왔다. 수뇌부는 당황한다. 어떻게 알았을까. 어디까지 알고 있을까. 어떻게 알았는지는 나중에 알아봐도 된다. 당장 급하고 중요한 건 어디까지, 얼마나 알고 있는가다. 이석기 RO 사건 이야기다. 2013년 8월 28일 압수수색이 벌어지자 이석기는 황급히 몸을 피한다. 다음 날 녹취록이 일부 공개된다. 모습을 드러낸 이석기는 녹취록은 날조모략이라고 잡아떼고 김재연은 RO 모임 자체가 없었다고 말한다. 다음 날 김재연은 말을 바꾼다. 문제가 된 5.12 모임에 불참했으며 행사자체도 몰랐다고 했다. 반면 홍성규 통진당 대변인은 모임은 있었지만 회합이 아니라 경기도당 행사였다고 설명한다(이 발언은 매우 중요하다. 당의 공식 행사로 인정했기 때문에 책임이 당 일부의 별도가 아니라 당 전체로 돌아온다). 다시 김재연이다. 9월 1일 추가녹취록이 공개되자 강연모임만 참석했다고 말한다(발언은 하지 않았다는 의미). 모임 자체를 몰랐다고 하더니 급진전이다. 9월 3일 이석기는 "말로 한 입말"이라며(대체 이게 무슨 말일까?) 칼 가지고 다니지 말라고 했을 뿐이고 녹취록은 조작한 것이라고 다시 주장했다. 이 진화적 발언의 방점은 이정희 대표가 찍는다. "(회합에서 이석기가 한 말은)농담처럼 말한 거다." 국회의원 3명과 주요 당직자들 130명이 한 밤 중에 모여 농담 따먹기를 했다는 그야말로 농담 같은 이야기다. 국민을 등신으로 알았거나 자기들이 제정신이 아니라고 자복한 거나 다름없다. 이런 식의 말 바꾸기로 통진당은 매일매일 대국민 불신을 쌓았다. 왜 그랬을까. 바보라서? 아니다. 공안당국이 얼마나 알고 있는지 정보를 캐내려 한 것이다. 검찰, 국정원을 상대로 정보 획득용 핑퐁을 쳤다고 해야 하나. 먼저 RO(Revolutionary Organization)부터 알아보자. RO의 기간은 민혁당 잔존 세력으로 추정된다. 이석기는 체포 당시 철저하게 입을 다물어 민혁당 하부 조직을 보호했다. 그리고 출소 후 그 조직들을 재건했다. 말을 붙이자면 '민혁당 재건파' 쯤 되겠다. 당연히 이름을 따로 정할 필요도 없었다. 뭐라 부르던 장미는 장미인 것처럼. 그래서 명칭도 2009년에는 '내일회'라고 했고 때로는 '산악회'로 부르기도 했다. 물론 이들에게도 강령은 있다. 세 가지다. 1)우리는 김일성 주체사상을 지도이념으로 남한 사회의 변혁운동을 전개한다 2)우리는 주체사상을 연구, 전파·보급한다. 3)우리는 남한 사회의 자주·민주·통일 실현을 목적으로 한다. 강령은 보안을 위해 문서로 작성하지는 않고 조직원이 가입할 때 암기하는 것으로 끝낸다. 지역 조직은 4개다. 경기 동부, 경기 중서부, 경기 남부, 경기 북부. 민혁당 당시 경기남부위원회, 영남위원회, 전북위원회 중 김영환과 함께 대거 전향해버린 전북위원회와 최모가 지도하던 영남위원회가 빠진 경기남부위원회를 중심으로 재건한 것이다. 조직원의 가입식은 민주열사에 대한 묵념→ 조직의 강령, 5대 의무(조직 보위, 사상학습, 재정 방조, 분공수행, 조직 생활) 고지→ 결의 다짐→ 대상자 결의 발표 및 지휘성원의 환영인사→ 조직명(가명) 부여→ 북한혁명 가요 '동지애의 노래' 제창→ RO에서 내려준 학습 자료로 주체사상 학습 실시 등의 순서로 진행된다. 다시 회합으로 돌아와 2013년 9월 2일 한겨레신문 보도를 보자.

(전략) 국정원은 이 의원이 지난 3월 초 북한이 '정전협정 백지화'를 선언하는 등 한반도 위기 상황이 고조되자 전쟁이 임박했다고 판단해 조직원들에게 △비상시국에 연대조직 신속 구축 △대중을 동원해 광우병 사태처럼 선전전 실시 △미군기지, 특히 레이더 기지나 전기시설 등 주요 시설에 대한 정보 수집 등 '전쟁 대비 3대 지침'을 하달했다고 밝혔다. 이 의원은 이어 5월 9일 지역책을 통해 전체 조직원 소집령을 내려, 10일 밤 10시에 경기도 광주시의 '곤지암 청소년수련원'에 조직원 130여명을 집결시켰다. 하지만 그는 일부 조직원이 술에 취한 상태에서 참석한데

다 보안 문제가 있다는 이유로 연설 시작 10여분 만에 모임을 해산하면서 "소집령이 떨어지면 정말 바람처럼 와서 순식간에 오시라. 그게 현 정세가 요구하는 우리의 생활태도이자 사업작풍이고 당내 전쟁 기풍을 준비하는데 대한 현실 문제라는 것을 똑똑히 기억하라"고 말했다. 이처럼 10일의 1차 모임이 제대로 진행되지 못하자, 이 의원은 이틀 뒤 소집령을 내려 12일 밤 10시 서울 마포구의 한 종교시설에 조직원 130여명을 다시 집결시켜 "전쟁 상황에 대비한 물질적 · 기술적 준비를 신속히 갖추라"고 지시했다. 이날 모임에서 이상호 경기진보연대 고문(구속)은 "북한의 전쟁상황 조성 시 유류저장고 · 철도 · 통신시설 등 국가기간시설에 대한 타격이 가장 중요하다"면서 평택 유류저장고, 철도 통제 시설, 혜화 및 분당전화국 등의 파괴 등을 물질적 · 기술적 방안으로 제시했다. 그는 아울러 '인명살상'을 위해 장난감 총기를 살상용으로 개조하는 방법, 인터넷을 통한 사제폭탄 제조법 습득, 무기고나 화학약품 저장고 소재 파악 등도 필요하다고 강조했다. 경기중서부지역 조직원들의 토론에서는 "저격을 위해 총을 준비해야 한다", "주요 시설을 마비시키려면 첨단기술이나 해킹기술 등이 필요하다"는 등의 의견이 나오기도 했다. 토론이 끝난 뒤 이 의원은 마무리발언에서 "보스턴 테러에 쓰였던 이른바 압력밥솥에 의한 사제폭탄 매뉴얼 공식도 (인터넷에) 떴다"며 조직원들에게 구체적인 준비를 당부하기도 했다.(후략)

2010년 천안함 폭침과 연평도 포격 이후 고조되던 전쟁 위협은 2013년 3월 5일 최고조에 이른다. 북한이 정전협정을 백지화

한 것이다. '국제연합군 총사령관을 일방으로 하고 조선민주주의 인민공화국 최고사령관 및 중공인민지원군 사령원을 다른 일방으로 하는 한국 군사정전에 관한 협정'이 정식명칭인 정전협정은 1953년 7월 27일 국제연합군 총사령관과 북한군 최고사령관 및 중공인민지원군 사령원 사이에 맺은 것이다. 백지화의 사유와 포고한 중대 조치는 이렇다.

*미국과 남조선 괴뢰들을 비롯한 그 추종세력들은 우리의 정당한 위성 발사, 핵실험에 대해 보다 강한 새로운 제재를 몰아오려고 발악을 하고 있으며

*3월 1일부터 60일간 지난해와 달리 100개의 핵탄을 탑재한 핵항모 등을 비롯해 핵타격 수단들을 동원한 노골적인 군사적인 도발행위를 벌이고 있어

*조성된 험악한 정세와 관련하여 나(김영철)는 위임에 의하여 인민군 최고사령부가 취하게 될 다음과 같은 중대조치를 내외에 알림

–미국을 비롯한 온갖 적대세력들의 횡포에 대처하여 보다 강력한 실제적인 2차, 3차 대응조치를 연속 취하게 될 것임. 우리의 정규군과 민간무력들은 최고사령관이 최종 수표한 작전계획에 따라 전면 대결전에 돌입한 상태임

–전쟁연습(키 리졸브)이 본격단계로 넘어가는 3.11부터 형식적이나마 유지해오던 정전협정의 효력을 완전히 전면 백지화해 버

릴 것임

–우리 군대는 평화체제 수립을 위한 협상 기구로서 잠정적으로 설립, 운영해오던 인민군 판문점 대표부의 활동을 전면 중지하고 판문점에 설치된 미군과의 직통전화도 차단하는 결단을 취할 것임

그리고 선언 발표 직후인 2013년 3월 7일, “실제적 군사행동에는 핵 선제타격도 포함된다”고 협박했다. 섬뜩하지만 그간 해왔던 짓을 생각하면 사실 별로 특별하지도 않다. 그저 3대 세습체제의 안정적 구축을 위해 남북간 긴장상태를 조성하려고 했을 뿐으로 추측되는 이 발언을 이석기는 북쪽의 구체적인 ‘사인’으로 읽었나 보다. 이석기는 정전협정 백지화 발언과 동시에 지역책을 통해 ‘전쟁 대비 3가지 지침’을 하달한다. 이에 따라 RO 경기중서부권역의 경우, 지역책인 공동피의자 홍순석이 2013년 3월 13일 세포모임을 개최해 세포원인 공동피의자 한동근 등에게 ‘현 정세 조직차원에서 전쟁 상황에 대비해 ①비상시국에 연대조직을 빨리 꾸릴 것 ②대중을 동원해서 광우병 사태처럼 선전전을 실시할 것 ②미군기지, 특히 레이더기지나 전기시설 등 주요시설에 대한 정보를 수집할 것’ 등 3가지 지침을 전달했다. 이석기는 5월 1일, ㈜CNP 그룹 직원 20여명을 대상으로 특강을 하고 현 정세가 전쟁 상황이라는 인식하에 이에 대비한 물질적·사상적 준비를 신속히 갖추라 지시했다. 다음 진행 상황부터는 정부가 국회에

제출한 '통합진보당 이석기 의원 체포동의 요구서'를 참고하는 게 유익할 듯하다.

(전략) RO 총책인 피의자 이석기는 2013. 3. 말경 공동피의자 홍순석 등 지역책들에게 북한의 전쟁 상황 조성 시 이에 호응하는 혁명적 결의를 다지는 세포단위별 결의대회를 개최하라는 지침을 하달하였다. 이에 따라 RO 경기중서부권역의 경우, 지역책인 공동피의자 홍순석이 2013. 3. 28 수원역 소재 카페베네에서 세포원인 공동피의자 한동근 및 ○○○을 접촉하여 "전쟁상황 인식을 공유하는 세포 결의대회를 2013. 4. 초경 개최할 계획"임을 고지하였다. 이어 공동피의자 홍순석은 2013. 4. 5 수원시 영통구 매탄동 소재 「수원의료복지사회적협동조합」 사무실에서 하부조직원 공동피의자 한동근 및 ○○○과 북한 영화 '월미도'를 시청하면서 전쟁상황 등에 대비한 세포결의대회를 개최하였다. 그 자리에서 조직원인 공동피의자 한동근은 "최근 일촉즉발의 정세에서 우리가 상상하지 못한 어려움이 닥칠 수 있다", "월미도 전사들의 장군님에 대한 충성심은 대단한 것이다. 상황이 어려워져도 어떻게든 한 몫을 할 수 있도록 노력해야겠다"는 등으로 월미도 감상 소감 등을 말하였다. 이에 대해 공동피의자 홍순석은 "조국이 해방되기 전에는 압박을 받고 핍박을 받고 그런 조국이었다. 그런데 장군님이 해방시켜 놓은 조국은 인민이 잘 살 수 있는 행복을 찾은 조국이다. 장군님을 지키는 것이 조국을 지키는 것"이라며, "기무사나 정보기관 같은 경우 적색분자 리스트 3만, 5만이 있다고 한다. 리스트에 있는 사람들은 지금 상황에서는 예전에 유대인 잡아

가듯이 잡아가서 고립시킬 것이고, 그 과정에서 죽일 수도 있다. (월미도) 영화에서 자기 목숨을 다 내놓고 결의하는 것처럼 지금도 비상하게 자기 있는 위치에서 자기 역할을 다 해야 한다"고 강조하였다. (후략)

도를 넘는 범죄를 저지른 경우 재판에 앞서 정신 감정부터 한다. 이 분들도 정신 감정이 필요해 보인다. "기무사나 정보기관 같은 경우 적색분자 리스트 3만, 5만이 있다고 한다. 리스트에 있는 사람들은 지금 상황에서는 예전에 유대인 잡아가듯이 잡아가서 고립시킬 것이고 그 과정에서 죽일 수도 있다" 같은 발언을 보면 피해망상도 심각해 보인다. 대체 어느 시대에 살고 있는 분들인가. 계속 보자.

(전략) RO 총책인 피의자 이석기는 2013. 5. 10 22:20경~22:30경간 경기도 광주시 소재 '곤지암청소년수련원'에 공동피의자 홍순석 · 이상호 · 한동근 · 김홍열 · 김근래 · 조양원 · 우위영 · 박민정 · 이영춘 등을 비롯한 조직원 130여명을 집결시켜 제1차 비밀회합을 개최하였다. 동 회합에서 사회를 맡은 경기북부 지역책인 공동피의자 김홍열은 현 정세를 "미 제국주의가 침략하는 전쟁 상황"이라면서 "미 제국주의에 맞서 싸워 승리하여 새 사회 건설을 결의하자"고 선동하였다.(후략)

회합은 그러나 30분 만에 이석기의 해산 명령으로 끝난다. 술에 취한 조직원도 있고 아이를 데려온 조직원도 있었다. 군기 확립 차원에서 한번 쯤 각성 효과를 노렸을 수도 있겠다. 이때 이석기의 발언은 대략 이런 내용들이다.

"현재 2013년에 우리 한반도의 정세는 우리가 그간에 한 번도 경험하지 못한 새로운 역사라는 것. 조금 전에 위기 운운하는데 위기가 도대체 뭐가 위기라는 거여. 전쟁이여."

"전쟁에는 두 가지 전쟁이 있다는 겁니다. 정의의 전쟁이 있고 불의의 전쟁이 있고 혁명의 전쟁이 있고 단위의 전쟁이 있는 거여. 현재 조성된 우리 조선반도의 현 정세는 혁명과 반혁명을 가르는 매우 중요한 시기라는 것을 우리 국민들이 똑똑히 아셔야 한다."

"오늘 이 자리는 정세를 강연하러 온 것이 아니라 당면 정세에서 우리가 무엇을 준비하고 어떻게 싸울 것인가? 그 결의를 하기 위해 왔습니다. 날을 다시 잡아서 다시 만나기로 그렇게 마감하는 것으로 대신하겠습니다. 그래도 되겠습니까?"

"각자의 또 내가 소집령이 떨어지면 정말 바람처럼 와서 순식간에 오시라. 그게 현 정세가 요구하는 우리의 생활태도이자 사업 작풍이고 당내 전쟁 기풍을 준비하는데 대한 현실 문제라는 것을 똑똑히 기억하십시오. 아이도 안고 오지 마시라고. 전쟁터에 아이를 데리고 가는 사람은 없지."

"우린 준전시가 아니라 전쟁이라고. 3월 5일자 조선인민군 최고 사령부에서 정전협정을 무효화했다고. 정전협정을 무효화했다는 것은 전쟁인 거라고. 그 전쟁이 기존 전쟁과 다른 형태로 나타날 수 있다는 것을 똑똑히 기억하시면 좋을 것 같애."

이석기는 2013년 5월 12일 재차 소집령을 내린다. 장소는 서울시 마포구 합정동 '마리스타 교육 수사회 강당'. 밤 10시부터 새벽 2시까지 이어진 이 회합에서 정말 흥미진진한 강연식 내란 선동과 모의가 진행된다. 지난 번에 이어 사회를 맡은 김홍열은 "조국의 현실은 전쟁이냐 평화냐고 하는 엄중한 상황이며 침략전쟁을 정의의 전쟁으로 화답하고자 하는 전민족의 투쟁의 의지가 높아가고 있는 현실"이라면서 "미제의 전쟁 책동은 우리민족 공동의 적이 누구인지 그리고 원수가 누구인지를 똑똑히 보여주고 있다. 반미 대결전을 승리로 결집시키기 위해서는 민족주체 혁명을, 압도적 우위를 보장해야 한다. 이 모든 것을 실현하기 위해 온몸을 다 바쳐 싸워나가야 한다." 같은 모두 발언으로 분위기를 잡는다. 이어 등장한 이석기는 스스로 강의라고 부른 연설에서 이런 이야기들을 한다. 몇 개만 발췌한다.

"제가 왜 지난번 곤지암에 간 거는, 무방비 상태에요. 까놓고 말해서 여기 동지들 전부 요시찰 대상이에요. 그만큼 혁명적 애국주의를 겸비한 이 시대의 선각자라고. 정규전과 상관없이 현재 여기 있는 우리들은 경험이 가장 많은, 가장 두려워하는, 그야말로 현 시기에 가장 선제 타격할 대상들이 여기 있는 동지라고. 보위에는 바늘 틈 하나도 흥정할 겨를이 없는 거야. 개인이 서로 각오 결의, 책임진다. 책임질 수 없는 겁니다. 동지들의 생명, 동지들이 한 사람도 아니고, 이 많은 동지들이 모이는 장소를, 그 전체 생명, 육체 생명까지 무슨 수로 책임진다는 겁니까? 그렇게 만만히 본거지 여러분들은? 우리가 그간에 10년, 30년, 지하에서 전장에서, 보이는 보이지 않는 수많은 동지들의 피의 희생을 거쳐서 우리가 여기까지 왔다고. 이제야말로 대결산, 그야말로 결산을 하는 대결전장인데, 보위에 대해서는 아무리 강조해도 지나치지 않는다. 그 누구도 보위의 문제에서는 타협할 권리도 없고, 단지 지켜야할 숭고한 의무만 있다고 봅니다. 그래서 지난 어제, 그제죠. 곤지암에 굉장히 어렵게 왔는데. 그 때도 다 차를 두시고, 차량도 갈아타고, 모르시는 동지들이 새로 오면은, 잘 오셨다고. 그런데 곤지암 형태의 저놈과의 관계를 볼 때는 판단할 수가 없다. 우리는 어떠한 정황과 조건에도 우위에 의해서 만들어가고, 우리가 가장 유리한 시기의 유리한 조건에 싸우는데 대한 백전백승의 필승의 기회가 있었다고 봅니다. 지난 곤지암은 우리가 불리하다고 봤다고. 그 행사가. 왜? 대처할 수 없으니깐."

첫 부분은 곤지암 모임을 조기 해산한 이유 설명이다. 역시 기강 해이를 염려한 지도자의 각별한 주의가 느껴진다. 본론으로 들어간다.

"이러한 대격변기에 조선반도는 어떤 곳이냐? 미 제국주의의 지배질서의 가장 약한 고리이고, 그러나 민족적 계급적 조합이 가장 첨예하게 충돌한 지역이 바로 조선반도다. 뒤집어 말하면 조선반도가 의미하는 것은 미국의 세계질서를 근본을 약화시킴과 동시에 미 중심의 패권주의인 제국을 무너뜨리는 세계 혁명의 중심 무대가 될 거라고 저는 그렇게 보고 있습니다. 자. 현재는 2013년, 2012년과 그 전과 전혀 다르다. 현 정세에 대한 세 가지 정도를 이해하시면 작년 2012년에 12월 12일 띄웠던 광명성 3호로 표현되는 위성의 3호, 이게 연이어 올린거야. 이게 이걸 우주과학 역사를 보면 엄청난 일이야. (중략) 그러니깐 정의를 내리면 그런 거죠. 북은 핵보유 강국이 되었다는 것. 미 국방정보국이라든가, 미 전략세미나의 다양한 공식 의견을 보면, 가치판단을 그 다음에 하자 이거죠. 핵 보유 강국이 되었다는 것이고, 두 번째는 북은 미국의 위협세력이라는 것. 이것은 팩트다 객관적인 거다. 세 번째는 3월 5일로 표현되는 3월의 정전협정 무효화를 통해서 이제는 조미(북미)간의 기존의 낡은 관계는 기대할 수 없다. 정전협정으로 표현되는 60년이라는 이 휴전 형태의 기형적 구조는 끝났다. 이 세 가지는 객관적이라는 거죠. 그러면 과거는 할 수 없는 거고, 새로운 단계 같은데, 새로운 단계는 어떻게 할 거냐? 현 정세를 관통하는 기본이다. 그 이야기를 우리가 지금 하는 겁니다. 이해됩니까?"

정세 설명의 요지는 정전협정 60년의 기형적인 구조는 끝났다는 것이다. 이제 새로운 시대가 왔으니 새 술은 새 부대에?

"긴급하게 우리들도 이런 현 정세에 대한 정확히 직시하자. 그래서 토론회를 조직하고 요청하지 않았나 생각했는데, 남측의 관점에서 바라봐 가지고 일면이 있는 거고, 북측의 관점에서 바라봐서 일면이 있는 거예요. 그럼 어떻게 봐야 돼? 조선 인민이라는 전체적 관점에서, 조선 민족이라는 자주적 관점에 서서 남쪽의 혁명을 책임진다는 자주적, 주체적 입장에서 현 정세를 바라보면 옳다. 그렇게 이해하시면 되요? 이해됩니까? 조국통일은 통일혁명은 남북의 자주역량에 의해서 할 수 있다. 이게 현 정세는 새로운 의식, 전쟁에 대한 이해를 직시하자 이거야. 그런 직시를 함께 하기 위해서 오늘 이 자리에 모인 거다."

슬슬 가슴이 답답해진다. 80년대의 사고방식과 어투가 하나도 달라진 게 없다. 이석기의 말대로 현실 정세는 변했는지 모르겠다. 그러나 그 현실을 마주하는 사람들의 사고는 단 한발자국도 앞으로 나가지 못했다.

"우리 입장은 어떻게? 우리는 어떠한 입장을 갖춰야 되는가? 당연히 남북의 자주역량 관점에서 미 제국주의 군사적 방향과 군사체계를 끝장내겠다는, 이러한 전체 조선민족의 입장에서 남녘의 역량을 책임지는 사람답게 주체적이고 자주적으로 이 정세를 바라보고 준비해야 된다. (중략) 그런데 이보다 더 중요하게 하나 더 강조할게 있다는 거죠. 현 정세와 본질, 대격변기와 대전환기라는 흐름은 분명하다. 그런데 남녘에 있는 우리는 상당히 어려움이 있다. 고난을 각오하라. 제2의 고난의 행군을 각오해야 한다. (중략) 우리가 지배세력이 아니잖아. 근데 북은 집권당 아니야. 그렇지. 거기는 모든 행위가 다 애국적이야. 다 상을 받아야 돼. 그런데 우리는 모든 행위가 다 반역이야. 지배세력한테는 그런 거야. 핵보유 강국이 되면 전면전이 없는 거예요. 그것을 다 아셔야 해… 북미간의 전면적 대결을 못할 거라고. 그렇게 되면 전투가 나서 천만이상이 죽어버려요. 거의 조선시대로 회귀하는 거예요. 그것을 원하지 않을 거다. 미국놈들도."

그래도 다행이다. 전쟁하면 천만이 죽고 조선시대로 돌아가는 것을 걱정해줘서.

"여기서 나온 게 이른바 전면전이 아닌 국지전, 정규전의 전면전이 아닌 비정규전. 이런 상태가 앞으로 전개가 될 것이다. 새로운 형태의 전쟁이 전개되는 것이다. 여기서 굉장히 중요한 것은 현대전의 영역이 심리전이고 사상전이다. 우리가 선전선동이 굉장히 중요합니다.

이게 그 전과 다른 현재에는 정치, 군사적인 대결이 첨예하게 전개되고 있다는 것. 그게 심리전, 사상전, 선전전에서 다양한 방면에서 전개되고 있다는 것이 그전과 다른 새로운 전쟁의 형태다. 이해됩니까? (중략) 그야말로 끝장을 내보자. 그래서 이 끝장내는 역사의 진행에 새로운 전환기를 우리 손으로 만든 것에 대한 긍지와 자부심을 바탕으로 당면 정세를 또 다가오는 전투를 준비하는 그러나 지금 마치 일정시간이 지나면 이 정세 국면이 끝날 것이라고 착각하거나 그러지 마세요. 이건 이미 전쟁으로 가고 있다는 거. 새 형태의 전쟁이라는 것을 말씀 드립니다. (중략) 결심은 심장으로 행동으로 준비할 수 있도록 그리고 오늘을 시작으로 해서 다음 대 격전지를 웃으면서 걸어 갈 수 있도록. 그리고 가다보면 힘들겠지만 또 힘든 것도 사는 데는 괜찮은 거다. 가치 있는 말이다. 왜 한번만 힘들면 민족사가 변하는데. 민족사의 권한을 승리로 혁명하는데 당당하고 힘차게 싸웠으면 좋겠다. 오늘은 2013년 역사의 새로운 장으로 기억했던 각각 자기 자리 한가운데서 정말 긍지와 자부심으로 인생을 추구하는 것도 그것도 복이 아닌가? 생각이 들고 오늘 이 시작으로 격변정세를 주동적으로 준비하는 것에 대한 하나의 결의가 아니라 실질적인 내용으로 물질적으로 강력하게 준비할 수 있도록 당장 준비하기를 바라면서 강의를 마치겠습니다."

힘들어도 웃으면서 가자. 북한이 고난의 행군 시절 즐겨 읊어대던 구호다. 다음은 이석기의 '강의'가 끝난 뒤 이어진 조직원들의 토론과 그 내용이다.

이상호 "우리들이 확인한 바에 의하면 주요시설의 주소가 실제와 많이 다르다. 북한의 전쟁 상황 조성시 이에 호응하여 우선적으로 유류저장고 · 철도 · 통신시설 등 국가기간시설에 대한 타격이 가장 중요하므로 평택 유류저장고의 방호 실태, 철도교통 마비를 위해서는 통제시설을 파괴해야 한다. 통신교란을 위해서는 관문전화국인 혜화전화국과 분당전화국을 파괴해야한다. 인명살상을 위해서 장난감 총기를 살상용으로 개조하는 방법, 인터넷을 통한 사제폭탄 제조법 습득하고, 무기고나 화학약품 저장고 등의 소재를 지속적으로 파악해두는 방법 등이 물질적, 기술적 방안으로 필요하다."

한동근 "정세에 대한 판단이 중요하고 정보상황을 공유하기 위한 연락체계 구축이 필요하며 전쟁상황에서 대중조직화 역량 및 간부역량을 최대한 동원할 수 있는 것이 중요하고 이를 통해 무장도 가능하다."

이상호 "그래서 이러한 문제를 갖다가 같이 이 시기에 우리가 뭘 준비해야 되는가? 물질적으로 기술적으로 뭘 준비해야 하는가에 대한 문제를 같이 한번 이야기를 해봤으면 좋을 것 같습니다. 제가 이런 이야기를 사전에 이야기한 부분도 있긴 한데 지역에서 간첩사건으로 연루됐다가 언론사 사업하고 있는 사람이 있는데 나한테 그런 질문을 하더라고요. 전쟁 분위기가 고조가 됐을 때였는데 그래봐야 2개월 간다. 자기가 볼 때는 자기가 수원지역에서 예비검속에 2인자다. 국정원이 따라다니는 것 보니깐 자기가 이긴 것 같다. 구체적인 이야기 하면은 자기는 조수석에 칼 하나 갖고 다닌다. 자기는 예비검속 당하면 근데 그냥은 안 나간다. 나를 잡으면 한명을 죽이려고 칼을 넣고 다닌다. 그것이 그 사람의 결의겠죠."

다음은 이석기의 정리 발언이다. 입말(!)을 그대로 옮겼다. 덕분에 판독은 좀 어렵다. 아마 현장에서 들었으면 이해하기가 쉬웠을 것이다. 대신 이 발언을 통해 우리 교육 문제를 짚어볼 수 있어 유익하다. 읽기, 쓰기, 말하기라는 기본 교육이 너무 부실하다.

"이 싸움은 이기는 거야. 이기는 거다. 왜? 분단은 무너지는 거다.

(중략) 우리 민족 역사로 보나 우리 60년 해방정국, 정전 60년 다 되 가고 막바지가 온 거야. 그런 측면에서 한편으로는 복이다 그런 말하고 싶습니다. 이 첨예한 시대에 우리 세대가 통일의 조국통일의 새로운 역사를 만드는 첫 세대가 된다는 것 나는 영예롭다고 봅니다. 몇몇 동지들은 이 싸움에 대해서 남부에 그 친구가 누군지는 알겠는데, 가방에 칼 가지고 다니지 마. 대충 내가 누군지 알겠어. 내가 아는 사람 같은데 이젠 칼 가지고 다니지 마시라. 총? 총 가지고 다니지 마. 우리가 이 핵폭탄 보다 무서운 게 사상의 무기야. 이 무형의 자산임과 동시에 엄청난 힘을 가지고 있다. 이 사상의 무기를 단단히 무장하면 아까 한 친구가 기껏 싸우는 게 하나 죽이고 가겠다고? 우리는 죽자고 싸우는 게 아니에요. 이 전쟁을 하자는 게 어떻게 생을 마감할 것인가를 위해 싸우자는 것이 아니라 우리 후대에게 분단을 퍼트리고, 통일된 새로운 조국, 전세계 최강이라는 미 제국주의와 전면으로 붙어서 조선 민족의 자랑과 위엄과 그 존엄을 시험하는 전쟁에서 우리가 불화 없이 그 승리의 시대를 우리 후대에게 주자. 후대를 위해서 싸우는 것이지 이기기 위해서 싸우는 것이지 죽자고 싸우는 것이 아니라는 것. 우리는 이기는 싸움이다. 이긴다는 준비를 하자. (중략) 끝으로 물질, 기술적 준비 중에 하나 놓친 게 선전부대 반드시 가지고 있어야 되요. 그리고 지금 지역이 어디든 간에, 자기 소속이 어디든 간에 현대전의 특징 중에 하나가 대중의 정치를 논할 것이냐? 현대전이 가장 중요한 것이 심리전이라고 합시다. 우리 동지들이 제일 잘하는 것이 선전전이다. (중략) 다양한 형태던 장기전이든 지구전 형태던 다 속도를 한 가지만 말씀드리고 싶은 것은 속도전으로 일치하자. 속도

전의 주체성은 그 속도에 있는 것이 아니라 대오의 일체성에 있다는 것을 명심하고. 사람들은 속도전으로 돌파하자 그렇게 강조할 때 속도 얘기하지 말고, 집단의 우월성은 그 속도에 있는 것이 아니라 구성원들이 일체감, 일체성에 있다는 것. 일체성을 최상위로 높이기 위해 실현하는 그 과정이 속도전으로 들어간다는 거죠. 그야말로 총공격의 명령이 떨어지면 속도전으로 일체감으로 강력한 집단적 힘을 통해서 각 동지들이 자기 초소에 놓여있는 그야말로 무궁무진한 창조적 발상으로 한순간에 우리 서로를 위해서 여러분을 믿고 마치겠습니다. 바람처럼 사라지시라."

끝으로 이석기를 변호하겠다고 나선 민변의 입장은 이렇다.

"5.12모임은 반전평화 및 전쟁 발발에 대비한 안전대책토론이었다."

정말 바람처럼 사라졌으면 좋겠다.

나가는 글을 대신해서

영화 변호인이 관객 천만 명을 돌파했습니다. 제작자와 감독님께 축하의 말씀 드립니다. 아니 어쩌면 한국 영화 흥행 최고 기록을 갈아치울지도 모른다니 축하는 아직 이르겠네요. 모쪼록 목표 달성하시기를 기원합니다. 실은 진즉 이 지면에 변호인을 모시고 싶었습니다. 그런데 막 개봉한 영화 발목 잡는 게 좀 치사한 것 같아 한참을 기다렸습니다. 이제 볼만한 사람은 다 봤으니 편하게 영화에 대해 이야기를 해도 좋을 것 같네요. 영화를 보는 내내 짜증이 났습니다. 아니 80년대 학생 운동을 저렇게 왜곡해도 되는 거야, 소리가 절로 나오더군요. 다른 건 몰라도 이데올로기 측면에서는 매우 투철하고 순수했던 좌익 혁명 운동을 애들 독서모임쯤으로 비하시키다니요. 그렇다면 영화 속의 그 어설프고 머저리 같은 피의자들이 80년대 우리들의 모습이란 말입니까. 영화를 그렇게 만들어 놓으면 당시 학교도 안가고 무장투쟁을 준비했던 사람들은 대체 뭐가 됩니까. 전선에서 뛰지도 않았던 것들이 참 주제넘네, 같은 생각을 한 것은 소생뿐이 아닐 것입니다.

운동권 2학년 쯤 되면 선배가 복사물을 나눠줍니다. 인혁당, 통혁당, 남민전 등 대표적인 공안 사건 기록인데 두 종류로 하나는 공소 기록이고 하나는 법정 최후 진술서입니다. 둘은 완전히 따로 놉니다. 같은 사람의 것인데 공소 기록은 공산주의 혁명 운동의 기록이고 최후 진술은 듣는 사람 눈물 나는, 민주주의를 위한 처절한 외침입니다. 선배는 딱 잘라서 말합니다. "조작 없었고 전부 사실이다. 그러나 체포, 구속 등의 상황에서는 법정 최후 진술만 앵무새처럼 반복한다. 아울러 고문 받았다는 사실을 최대한 부각 시킬 것." 다들 그렇게 배우고 그렇게 실행했습니다. 그러니까 영화 속의 변호인은 학생들의 거짓말에 깜빡 속아 넘어 간 셈이죠. 법정에서 열성적으로 자신들을 변호하는 모습을 보면서 속으로 얼마나 킥킥 대고 웃었을까요. 반대로 검사에게는 이렇게 말했다죠. "세상 바뀌면 당신이 우리 처지 되는 거야." 누구는 이 영화, 돈만 알던 속물 변호사가 인권변호사로 거듭나는 과정을 그린 영화라고 합니다. 글쎄요. 소생이 보기에는 멀쩡했던 변호사가 학생들의 얄팍한 간계에 넘어가 의식화되는 과정을 그린 작품으로 보입니다만. 겨우 책 몇 권과 영화 포스터 속 국밥 집 아들의 대사인 "아저씨, 저 잘못한 거 없는데요"에 즉각 무장해제라니 좀 어이없기는 합니다. 80년대 학생 운동권의 최대 성과는 노무현 대통령을 만들어 낸 것이라지요.

천만 명이 보았는데도 아직 극장에 자기 의지로 안 가신 분들이 있다고 들었습니다. '그쪽 사람들 돈 벌어 줄 일 있느냐' 뭐 이런 입장이라고 하시는데 빨리 가셔서 보세요. 돈 몇 천원 던져주는 대신 그 이상으로 의욕이 생기고 주변에 하실 말씀도 늘어나십니다. 안 봤지만, 하고 말씀 시작하시면 발언의 중량감 떨어집니다. 봤더니, 하고 시작하셔야 듣는 사람이 신뢰하고 수긍하고 끄덕입니다. 극장 가시라 해놓고 맥 빠지게 해서 죄송합니다만 스포일러(줄거리나 내용을 예비 관객에게 미리 밝히는 행위나 그런 행위를 하는 사람들을 일컫는 말) 하나 말씀드리지 않을 수가 없네요. 영화, 좀 지루합니다. 눈물이 나기는 하는데 하품 끝에 따라 나옵니다. 영화 시작 전 이런 자막이 나옵니다. '이 영화는 실제를 바탕으로 하고 있으나 허구임을 알려 드립니다' 영화 보시고 나면 자막을 이렇게 고치고 싶어지실 겁니다. '영화는 실제를 바탕으로 하고 있으나 내용은 완전히 사기임을 알려 드립니다'

* 이 글은 '변호인'이 극장에서 상영하고 있던 시기에 쓴 것입니다.
착오 없으시기를.